忠臣蔵入門

映像で読み解く物語の魅力

春日太一

角川新書

はじめに

「忠臣蔵」。

長きにわたり老若男女を問わず親しまれ、かつては日本人なら誰もが知っている基礎的な教養でした。それは「国民的コンテンツ」と言っても過言ではありませんでした。

しかし近年では、そうでもなくなっています。ひょっとしたら「忠臣蔵」を読めない方もいるかもしれません。念のため述べておきますと、「ちゅうしんぐら」と読みます。

ただ、「忠臣蔵」に疎い方が多くなるのも致し方ないことなのです。一九九〇年代あたりまでは、年末年始になると、どこかしらのテレビ局が「忠臣蔵」を作っていました。が、それももう二〇年以上も前の話です。「最近の若い人は「忠臣蔵」を知らない」という年配の方からの嘆きを耳目にします。しかし、新たに触れる機会がなければ、知りようがないのです。

では、なぜ「忠臣蔵」は作られなくなったのか――。そのことは、追々解説していきます。

このまま廃れてしまっては、あまりに惜しい。「忠臣蔵」が長く愛されるのにはそれだけの理由があり、その魅力は今もなお十分に輝くものだと確信しているからです。

その魅力とは何か。どのように楽しめばいいのか。本書はそれを解説する一冊になります。

「忠臣蔵」を全く知らない人はゼロからでも入れるよう、大まかに知っている方は「なるほど、そういうことだったのか」と納得できるよう、詳しい方には「そうそう、そういうこと」「え、そういうこともあったのか」と再確認してもらえるよう、批判的な方には、その誤解を解いていただけるよう、――と、さまざまな方々に「忠臣蔵」の魅力を知っていただきたい。そんな想いで企画しました。

取り上げるのは、映像作品＝時代劇における「忠臣蔵」です。映画やテレビでこれまで数多く作られてきた「忠臣蔵」を題材に楽しみ方を紹介しつつ、描かれ方の変遷やそれぞれの特徴を追っていきます。

「定番の物語」と思われがちな「忠臣蔵」ですが、実は多様性に満ちた描き方をされてきて、豊潤な楽しみ方があるとご理解いただけるはずと思っております。

※なお、本書は「物語」としての「忠臣蔵」につきまして、映像作品＝創作物を題材に解説した内容になっております。史実としての赤穂《あこう》事件そのものを論じるものではありません。つきましては、「史実はそうではない」という批判も、ここに書いてあることを「史実」と混同することも、ご遠慮いただきたく存じます。

目次

第一章　「忠臣蔵」概論

まずは、最もベーシックな話から始めたく思います。そもそも「忠臣蔵」とはどのような物語で、どういった楽しみ方ができるのか。そして、なぜ長年にわたり作られてきたのか――。

なお、本章は拙著『時代劇入門』をベースに加筆修正した内容になっておりますので、そちらを既にお読みの方は飛ばしていただいても問題はありません。

そもそも「忠臣蔵」ってなに？

まず、忠臣蔵を全く知らない人に向けて、昔から語り継がれてきた基本的な部分を語っていきたいと思います。

史実では次々と新しい解釈が生まれているので、この事件については既にいろいろな語られ方がされています。また創作のされ方も時代によって変化しています。

ここではそうではなく、「忠臣蔵」は「物語」としてこのように創作がなされ、このように愛されてきましたよ――という話をまずはさせていただきます。

そもそも「忠臣蔵」とは何かということですが、実際にあった歴史上の事件が元になっています。

元禄《げんろく》十四年（一七〇一年）に、江戸城の「松の廊下」で、浅野《あさの》内匠頭長矩《たくみのかみながのり》という赤穂《あこう》藩

――今の兵庫県――の藩主つまり殿様が吉良上野介義央《きらこうずけのすけよしなか》という旗本を斬り付ける事件が起きました。そして、内匠頭には切腹が言い渡され、赤穂藩は取りつぶしになります。翌元禄十五年、一七〇二年の十二月十四日に、浪人となった家臣たち四十七人は大石内蔵助《おおいしくらのすけ》という赤穂藩の元家老に率いられ、吉良邸へ討ち入って吉良上野介を殺してしまうのです。

これを物語としてアレンジしたのが「忠臣蔵」でした。

偉い侍に殿様が嫌がらせをされ、怒った殿様が江戸城でその侍に斬りかかる。殿様は罰として切腹をさせられ、藩が潰《つぶ》れてしまう。浪人となった家臣たちは、殿に嫌がらせをして追い込んだ偉い侍に仇討《あだうち》＝復讐をする。そういうリベンジの話です。だいたい二年間くらいの間に起きた出来事です。当時の庶民は「これぞ義挙」として喝采《かっさい》し、四十七人は「四十七士」と呼ばれ「義士」と讃《たた》えられました。そして、彼らの行ないを「物語」として創作し、愛してゆくことになるのです。

では、具体的にどのような物語が創作されたのでしょうか。

A　六つの見せ場

忠臣蔵の大きな特徴はその構成です。物語全体としても「吉良による嫌がらせ」から「四十七士の討ち入り」に至る大きな起承転結があります。さらにそれぞれの場面ごとにも起承転結があり、その一つ一つが芝居としてドラマチックに盛り上がる見せ場になっているのです。そしてそうした見せ場が連なっていった最後にクライマックスの「討ち入り」が待っている、という流れになっています。

ですから「忠臣蔵」を理解する、あるいはその魅力を知る上では、有名な見せ場をいくつか知っておけばとりあえずのところは大丈夫です。

基本的に知っておくべき見せ場は六つです。たいていの忠臣蔵で描かれているので、これさえわかっておくと入りやすい。そこで、まずはその六つを中心に説明していきます。

その前に大前提として、この事件の歴史的な背景として教科書的な知識を少しだけ説明しておきます。

江戸時代には参勤交代という制度があって、大名は地元の城と江戸を交代で行ったり来たりしていました。そして、地元にいる時は藩主として藩を統べ、江戸にいる時は幕府のために働くことになります。つまり、藩主は多くの家臣を抱える一方、幕府の支配下にある。これが実は重要なのです。

松の廊下事件は藩主が江戸にいるときに起きています。つまり家臣たちの多くは赤穂藩にいるわけです。そして殿不在の間、地元の赤穂をまとめる役職が「城代家老《じょうだいがろう》」。この役職にあったのが主人公の大石内蔵助です。一方で江戸は江戸で藩邸があり、そこにはまた別に家臣たちがいます。

それから、もう一つキーになる言葉として「勅使饗応《きょうおう》役」というのがあります。当時、天皇は京都に住んでいました。その天皇が江戸の将軍に送る使者を「勅使」といいますが、天皇の代理ですから身分が高い。そうなると、幕府としてはそれをもてなす係が必要になります。その役割は毎回いろいろな大名に割り振られました。それが「勅使饗応役」。

その役割に赤穂藩の藩主・浅野内匠頭が任じられるところから話がはじまります。

『忠臣蔵』より、松の廊下

①見せ場その1「松の廊下」

その饗応の仕方を教える指南役は、「高家《こうけ》」といって鎌倉、室町時代から続く由緒ある家柄の武士が務めています。今回その担当となったのが吉良上野介でした。吉良家は格式ある家柄で幕府から守られている一方、浅野家は外様《とざま》のため少しの落ち度で取りつぶされかねません。

そして、上野介はお爺《じい》さんで、浅野内匠頭は若い。浅野と吉良の関係性として、この辺りがキーになってきます。

物語の中では、吉良上野介はとにかく賄賂《わいろ》が好きで、賄賂を貰《もら》わないと指南しないという「いやな爺さん」として描かれます。一方の浅野内匠頭は「清廉潔白な若者」という設定で、とにかく賄賂を渡したくない。そのために、吉良上野介に嫌われて、徹底して嫌がらせをされる。内匠頭は我慢に我慢を重ね、江戸の家臣たちも協力して、吉良によって仕掛けられた困難の数々を突破していきます。

そして、いよいよ勅使饗応の前日、浅野内匠頭は吉良上野介にどういう服装で江戸城に行けばよいかと聞いたときに、吉良が嘘を教えるわけです。

それで江戸城に行ってみたら、今の人に分かりやすく説明しますと、ほかの大名たちはみんな正装しているのに、浅野内匠頭は平服。今でいうドレスコードのミスです。登城してはじめて内匠頭は「しまった、吉良に騙《だま》された」と気づく。しかし、よくできた家臣がいて、ちゃんと正装を持ってきていて、裏で着替えるわけです。そして「とにかく、殿、我慢してください」と付け加える。

なぜかというと、江戸城内で刀を抜いて刃傷沙汰《にんじょうざた》を起こすことは犯罪なのです。藩主は切腹を命じられ、藩が潰されて、藩士たちは路頭に迷うことになる。だから何があろうとも絶対に耐えなければならない。

しかし――。松の廊下という大名たちの行き交う大きな廊下で浅野は吉良を見つけます。それで「酷《ひど》いじゃないですか」と抗議をし、そして最後の饗応の内容を問います。ところがここでも、吉良は徹底的に煽《あお》って挑発してくるのです。浅野も我慢に我慢を重ねるのですが、耐えきれずに遂に刀を抜いて斬り付けてしまいます。

額に一太刀、逃げる背中に一太刀浴びせますが、騒ぎを聞きつけた人たちが「浅野どの、殿中でござる！」と押さえる。浅野内匠頭が「武士の情《なさけ》。せめてもう一太刀！」と懇願するわけですが、そのまま捕まってしまい、なんと、即日切腹となるわけです。

幕府は裏で何が起きたかを全く調べず、吉良はお咎《とが》めなしで、浅野内匠頭だけが即日切腹で、藩は取り潰しという決定をする。

これが、最初の見せ場である「松の廊下」です。「喧嘩両成敗」の不文律があるはずなのに、これはあまりに理不尽ではないか――。なぜ、あれだけの嫌がらせをした吉良はのうのうと生きのびているのか。これが後々の禍根となっていくのですが、その理不尽を観る側に感じさせればこの場面は成功といえます。そして、内匠頭は切腹をして果てます。たいてい、この場面は桜が舞い散る中で描かれ、その様式美が哀しみを増幅させています。

そうした悲劇として、「忠臣蔵」の物語は始まるのです。

②見せ場その2「大評定」

ここまではずっと江戸が舞台でしたが、ようやく舞台は赤穂になります。たいていの場合、主人公の大石内蔵助はここから登場します。

東京と兵庫でかなり距離があるし、当時は駕籠《かご》や馬での移動です。そのため、江戸で起きた変事の情報がなかなか赤穂まで伝わりません。どうも江戸でただならぬことが起きているらしいという情報は入ってくるけれども、大石も全貌《ぜんぼう》はつかめない。しばらくして急使が到着、殿が切腹して亡くなり、藩は取り潰しになると分かる。そして「さあ、大石はどうする？」ということになるわけです。

ここから先は大石内蔵助の見せ場になります。

まず大きな問題になってくるのは、吉良方、あるいは幕府側からすると、ひょっとしたら大石が浅野内匠頭の仇討に立ち上がるのではないかと疑っていることです。そのため、赤穂にスパイを放っています。

大石としては仇討の気持ちはあるけれども、そのことが少しでも露見したら犯罪者として捕まります。幕府への反逆になるからです。そのため、ここから先すべての見せ場は、大石内蔵助が本心を隠す中で展開されていきます。これが「忠臣蔵」の最大のキーとなります。

そしてまず始まるのが、大石の最初の見せ場となる「大評定」です。

赤穂藩が取り潰しとなり、赤穂城の大広間にすべての藩士を集めて、「これから我々はどうするか」を話し合います。それを仕切るのが大石です。大石にはいくつかの選択肢があります。たとえば、殿の仇として吉良を討つ。あるいは、籠城《ろうじょう》して幕府と一戦交える。あるいは、全員ここで殿の後を追って殉死する。あるいは、すべてやめて再就職する。

さまざまに議論がなされますが、大石は「殉死する」という決定を下します。殿の後を追ってみんなで死のうじゃないかと。ほとんどの藩士は、「やってられない」「死にたくない」ということで抜けていきます。そして、わずか五十人ほどの藩士が残り、大石に一命を託す旨を誓う血判状――つまり自らの血による母印を押した署名書――に血判を押すのです。そして残った者たちに初めて大石は本心を明かします。「殿の仇を討つ」と（※作品によって、大石が討ち入りの意向を明らかにするタイミングは異なっていますが、映像作品ではここで明かす展開が多くなっています）。

死ぬ覚悟がある藩士だけ残し、大石に全てを託させ、その上で本心を明かす。そこまで回りくどいことをしなければならなかったのです。半端な覚悟の者を入れてしまうと、そこから事が露見してしまったり、討ち入りに向けてのさまざまなミッションを失敗させかねないためです。一方、覚悟がない藩士は、大石としては生き残らせたいというのもあるわけです。

たとえ仇討が成功しても、当時の江戸においてはテロ行為＝犯罪なので、罰せられる。事の成否にかかわらず、最後には「死」が待ち受けています。死の覚悟を持っていない限り、成せないのです。

③見せ場その3「祇園一力茶屋《ぎおんいちりきぢやや》」

いよいよ討ち入りに向けた計画が始まりますが、大石がやる気満々な素振りを少しでも表で見せてしまうと、幕府に捕まってしまいます。あるいは、命の危険もあります。大石には絶えずスパイが張り付き、刺客も狙っているのです。それを油断させるため、大石は家族みんなで京都の山科《やましな》で暮らし、本人は祇園《ぎおん》で遊び暮らします。毎日毎日、飲んで踊って騒ぐ。

そのため、他家の侍たちからは、「殿があんな目に遭ったのに遊び暮らして、おまえは大石じゃない、軽石だ」となじられて、情けない思いをする。

しかも大石は仲間にも本心を明かしていません。特に江戸にいる藩士たちは殿の悲劇を目の当たりにしてきたので、血気盛んです。彼らは江戸から京都にやって来ては、大石をせかすのですが大石は動かず遊んでばかり。彼らは呆《あき》れ、いら立ちをつのらせていきます。「まだやらないんですか。話が違う、どうなっているんですか」と言われても、大石は飲み暮らしているので、みんなイライラしてくる。

それでもスパイたちを徹底的に油断させせないといけないので、大石は心を隠し抜いて、バカにされながら遊び暮らすわけです。最終的には妻とも離縁します。

これも理由があって、討ち入りをした際に妻と妻の実家に累が及ぶことがないようにするために離縁をして、出ていかせるわけです。ここが「山科の別れ」という場面です。

④見せ場その4「大石東下り」

そして遂に討ち入り決行となり、大石が江戸に向かいます。これが「大石東下り《あずまくだ》」という場面です。

東海道を江戸に向かうわけですが、「大石内蔵助が江戸に来ました」と表立ってしまうと吉良を警戒させせてしまいます。大石が江戸に入るとすると目的は一つですから、幕府も黙っていません。そのため大石は身分を隠します。どうしたかというと、公家の九条《くじょう》家の御用人の名前を騙《かた》るのです。

作品によって、その名前は立花左近《たちばなさこん》であったり、垣見五郎兵衛《かきみごろべえ》であったりします。そういう公家のナンバー2を名乗って東海道を江戸に向かって、ある宿場に泊まります。これも作品によりますが、たとえば、三島《みしま》だとします。箱根の関を越えるまでの、最後の宿。ここを越えたら関東に入れる。

ところが、宿に泊まっていると、本物の立花左近が現われるのです。立花左近が現われて「私が本物だ」と言って、大石と対面します。

二人が対面して、互いに自分が本物だと言い合うわけですが、「本物であれば、九条家の身分証があるはずだ。出せ」と本物に言われてしまう。すると大石は懐から一枚の書状を出して、本物の立花左近がそれを開く。ところがその書状は白紙なわけです。本物が脇を見ると、書状の入れ物に浅野家の家紋が入っている。それを見て、立花左近が気づくわけです。「目の前にいるのは大石内蔵助だ。自分の名前を騙って江戸へ向かっているということは、いよいよ討ち入りをやるのだな」と。

そして、左近は白紙の書状を畳んで、「わかりました。私が偽者です」と言って、「私の身分証は偽物ですから、焼き捨ててください」と言って身分証を渡します。その身分証を持つことで、大石は堂々と江戸に入れるわけです。

かといって本物が先に京都へ戻ってしまうと大石がニセ者だと分かってしまうので、「これから中山道《なかせんどう》をゆっくり戻ります。あなたが江戸に入るまで、京都には戻らないようにします」と言って去っていく。大石はこれに頭を下げて、この場面は終わります。

⑤見せ場その5「南部坂雪の別れ」

そして、いよいよ大石は江戸に入り、討ち入りの準備が始まります。その直前に「南部坂雪《なんぶざか》の別れ」という泣かせる場面があります。

南部坂に浅野内匠頭の正室、瑤泉院《ようぜんいん》が住んでいます。大石はここに最後の挨拶《あいさつ》に行くわけです。瑤泉院が「いよいよ討ち入りをするのですね」と言うと、「討ち入りなんかしません。いよいよ再就職することになったので、別れの挨拶に来ました」と言うわけです。瑤泉院には「何ということだ。恩知らずの不忠者」と罵倒《ばとう》されますが、「いやいや、私はその程度の人間です。せめて、これまで使ったお金の目録がありますので、この書状を持っていってください」と渡して、大石は去っていく。その間、ずっと罵倒されます。

『忠臣蔵』より、陣太鼓を持つ大石内蔵助

©KADOKAWA 1958

実は、そのとき瑤泉院の家には吉良方のスパイが女中として入っていて、大石はそれに気づいていたので、本心は言えなかったのです。大石は雪の中を一人で去っていく。そして、瑤泉院が目録の書状を開くと、それは目録ではなくて、なんと血判状でした。そこで大石の真意に気づくわけですが、追おうとしたら、もう大石はいません。

すべての感情を隠して、大石内蔵助は決行に向かうのです。

⑥見せ場その6「討ち入り」

いよいよ十二月十四日、雪の中の討ち入りです。そば屋の二階に集合し、雪をふみしめながら吉良邸へ向かいます。そして、大石ら赤穂四十七士が吉良邸に討ち入る。吉良屋敷のほうが人数は多いので、四十七士は奇襲攻撃をかけたのです。討ち入りの間、大石は後方から指揮をしながら、陣太鼓を叩き続けます。この太鼓は「山鹿《やまが》流陣太鼓」といい、多くの作品において「陣太鼓を打つ大石」の姿はポスターやパッケージのキービジュアルになっています。

最終的に炭小屋に吉良上野介が隠れていて、それを引っ張り出してきて「吉良どのですね？」と聞くと「いや、ワシは違う」とシラを切るわけです。

「その額の傷が何よりの証拠で、さらに背中にも傷がある。間違いない」ということで、「せめて潔く切腹してください」と大石が言うものの、それもできないということで、大石自ら刺し殺して終わる。そして、大石は亡き殿が眠る高輪泉岳寺《たかなわせんがくじ》の墓に上野介の首級《しるし》を持っていって報告し、最後は幕府に出頭して全員が切腹するという物語です。

基本的にこの六つの見せ場を繋《つな》いで展開させるのが、王道の忠臣蔵です。

これに四十七士や脱落者、周辺人物それぞれの物語が加わり、その見せ場はさらに多岐にわたっていきます。そこは後で詳しく述べます。

『忠臣蔵』より、討ち入り
©KADOKAWA 1958

B　三大キャラクター

この忠臣蔵の物語を感動的な物語として描くためには、押さえておくべきとても重要なことがあります。それは、この物語は一つ間違うと全く感動できない恐れがあるということです。

『七人の侍』『切腹』などの数多くの傑作時代劇を書いてきた脚本家の橋本忍《はしもとしのぶ》は忠臣蔵を書いていません。その理由を本人に聞いたところ、「四十七人がよってたかってお爺さんを殺す話でしょう。そんなの、やりたくないよ」と答えました。たしかにそうなんです。ようするに、描き方を一つ間違うと、「お爺さんをよってたかって殺す話」にしかならない可能性があるわけです。

また、江戸の街中で討ち入りすることは暴力的な犯罪行為でもあります。さらに、内匠頭の刃傷もただの思慮が足りない愚挙ともとれます。

そうなってくると、物語が悲劇として成り立たなくなってしまう。「忠臣蔵」にネガティブなスタンスの人の意見を見ますと、たいていこうした論点から批判をします。

ただ、実はかつての作り手・演じ手たちはそんなことは百も承知でした。そして、そう思わせないために気をつけてきたことがあります。それは大石、内匠頭、吉良の三人の主要キャラクターの描き方です。

①大石内蔵助

大石内蔵助はテロ行為をした罪人です。そして、浅野内匠頭は犯罪者だから切腹しているわけです。さらに吉良上野介は表向き、何も悪いことはしていません。それなのに「仇討」と称して討ち入りをしたというのは、よく考えたら理不尽な行為でもあります。そうなると、吉良が一方的な被害者ともとれます。

物語としては、そう思わせないように描く必要があるのです。

そのために本心を隠し、耐えに耐えていく大石の姿を描く。そうすることで、観る側に対して彼の想いの強さに説得力を与えるのです。

ですから、大石を演じる役者には、耐えながらも言葉の裏側に秘めた感情を表現できる演技力が必要になってきます。加えて、四十七士を率いるだけの貫禄やカリスマ性も必要。それから、遊んでいるシーンも、本気で遊んでいるように見せないといけないので、緩急の芝居も必要。

そうなると、役者としての技量もキャリアもスター性もなければ大石役は務まりません。そのため大石役はベテランのトップスターが演じることになります。

②吉良上野介

それから、吉良上野介も一つ間違うと「大した理由もなく四十七人に殺された、可哀そうなお爺さん」になるわけです。しかし、劇としては「ムカつく！」「イヤなヤツ！」と思わせないといけないので、キャラクター設定としては、悪役としての憎々しさが絶対に必要になります。

もう一つ大事なのは、吉良がただの悪役ではなく「高家」であること。儀式の指南をする格式の高い家なので、品格もないといけない。憎々しく、それでいて、品格もなければならないということで、役者としてはなかなか難しい役どころです。ただの悪役芝居をやればよいのではなくて、品もないといけない。ですから、これも主役級俳優でないと成り立たないのです。

③浅野内匠頭

そして、最大の問題が浅野内匠頭です。彼の言動が全ての元凶ともいえます。

吉良に賄賂を贈っていれば、刀を抜いていなければ——彼が自分の感情よりも家臣の行く末を考えて行動していれば、何も悲劇は起きなかった。とりようによっては、世間知らずの迷惑な理想主義者ということになるわけです。最終的には家臣のことも考えずに刀を抜いた愚か者とも捉えられる。

ただ、それが前面に出てしまうと、「殿のために命を捨てて仇討をする」という大石たちの行動に説得力がなくなってしまいます。

そのため、あくまで「悲劇の貴公子」でなければならないのです。浅野役には儚《はかな》げな若い二枚目スターを持ってくる。そうすることで、狡猾《こうかつ》で陰険な老人の嫌がらせにより、前途ある若者が命を落とす——という構図を鮮明にするわけです。

演じ方も、吉良の嫌がらせに耐える姿が切なく見える感じにする。それから、個人としての怒りと、それを爆発させることで起きると予想できる家臣の悲劇との間の板挟みで、嫌がらせに耐える葛藤《かっとう》もきちんと描く。そうしたプロセスを積み重ねていくことにより松の廊下の刃傷を「これならキレるのも仕方ない」と観る側に納得させ、その切腹に涙することになるわけです。

こうした芝居の工夫を創作した上に、忠臣蔵の物語は成り立っているのです。

C　愛された理由

「忠臣蔵」はかつて「興行の独参湯《どくじんとう》」と言われていました。「独参湯」とは、昔の気付け薬です。つまり、演劇や映画の興行が思わしくない時でも「忠臣蔵」をやると、たちまち観客が入るというジンクスがあったということを意味します。それだけ、長きにわたり老若男女問わず愛されてきた「国民的演目」でした。

忠臣蔵は実際に起きた事件ですし、しかも基本的な物語のフォーマットはいつも変わらない。つまり、観客は観る前から展開も結末も分かっている。今でいうと究極の「ネタバレ」作品です。それなのに、なぜ長いこと愛されてきたのでしょうか――。

①役者の番付

忠臣蔵は歌舞伎で言う顔見世興行、つまりオールスター作品です。それは映画やテレビでも変わりません。そうなると、「忠臣蔵」のキャスティングはそのとき毎の日本の映画・テレビ界、あるいはそれを作る映画会社（テレビ局、プロダクション）における「役者の番付」＝格付けの発表という側面があるわけです。

大石内蔵助を演じるのは、その映画会社、テレビ局における最大のスター、看板役者であるということ。また、吉良上野介を演じるのは、いま考えられる最高の悪役であるということ。そして、浅野内匠頭を演じるのは、最高の若手二枚目俳優であるということ。それぞれ、その意思表示なのです。そのため、演じる側は、「遂に大石役が来た」とか、「俺もいずれは吉良のほうをやってみたい」といった意識を持っているのと同時に、観る側は、「今回は誰が大石をやるのだろう」「彼は内匠頭をどう演じるのだろう」という楽しみが生まれます。

それは三大キャラクターに限った話ではありません。立花左近は二大スターをスムーズに共演させるための役でした。善悪分かれることなく、立花も大石もどちらも良い役で、しかもどちらも重い役というポジションなので、これは大物俳優同士が顔をそろえる場面になるのです。「立花左近は誰がやるんだろう」「あの二大スターが一つの場で向き合うのか！」という顔合わせに対する楽しみが観る側に生まれるわけです。

それから、作品が変遷するにつれ配役がどう移り変わるか――という「線」で追っていく楽しみ方もあります。

たとえば、中村錦之助というスターは、若い頃に浅野内匠頭を演じて、ベテランになってから大石内蔵助を演じましたが、そういうスターとしての成長過程も見られるのも面白さの一つです。

こうしたキャスティングとカップリングを、確認作業として見るという楽しみ方ができるのが「忠臣蔵」の面白さの一つだったわけです。

②関係性萌え

もちろん、物語自体の魅力も大きいです。

想いを秘め、それを世間に悟られないよう耐えに耐え、そして事を成就する。そのためには自らの命をも捨てる。しかもそれは自身のためではない。そうした大石たちの「滅びの美学」、そして「忍耐のドラマ」は日本人に長く愛されてきた精神性であります。

――と書くと何やら堅苦しい感じがする人も多いでしょう。もう少し現代的に分かりやすく書くと、「関係性萌《も》え」です。

「関係性萌え」を大雑把に説明すると「あの二人の関係性、いいわあ」と胸がキュンとなる、ということです。「忠臣蔵」にはそれが満ちている。言葉を交わさずとも、想いと想いが通じ合い、人と人とが惚《ほ》れあい、そして一つの目的に向かっていく。「忠義」とか「武士道」と考えると堅苦しいですが、「人と人とのストイックな触れ合いの物語」と考えると、なんとも魅力的に思えてきませんかね。

そもそも、「忠臣蔵」を愛してきたのは「忠義」も「武士道」も程遠いところに暮らす庶民。彼らは、現実ではなかなか実現が難しいそうした人間関係をある種のファンタジーと捉《とら》え、理想や憧《あこが》れをぶつけてきたのです。

③風刺性

忠臣蔵はその命がけの滅私奉公の精神が「武士道の鑑《かがみ》」とされ「日本人古来の精神性」と言われてきました。しかし、それだけではありません。それ以上に風刺性が強い作品でもありました。上演・上映されるその時代の「現代」に対する作り手や観客である庶民の怒りや不満を、大石たちに仮託してきたという側面があるのです。

そもそも忠臣蔵は江戸時代から歌舞伎などで演じられてきましたが、江戸時代にあって忠臣蔵というのは現代劇です。ところが、大石内蔵助は江戸城下でテロ行為をして切腹させられた罪人です。そうなると、当時の江戸幕府からすれば、自分たちがテロリストとして罰した罪人を英雄扱いする作品など、あってはならないわけです。しかも、言論の自由はない時代なので、取り締まりの対象になる。

そこで、当初は南北朝時代の足利幕府初期に置き換えて描きました。浅野は塩冶判官《えんやはんがん》という御家人、吉良は将軍・足利尊氏の執事にあたる高師直《こうのもろなお》という実在の人物があてはめられています。そして、大石だけ大星由良之助《おおぼしゆらのすけ》という架空のキャラクターになりました。これにより、「いやこれは赤穂の話ではなく、南北朝の話ですよ」とお上に対してエクスキューズをしていたのです。

時代劇には「現代でそのまま描くといろいろまずい話も、過去に置き換えることで突破できる」という特性がありますが、それは既に江戸時代から発揮されていたわけです。

ではなぜ、そうまでして忠臣蔵を語る必要があったのでしょうか。それは当時の江戸庶民が大石内蔵助の行為に対して喝采したからです。

根本にあるのは、賄賂をくれた人には贔屓《ひいき》するという、政治腐敗への怒りです。これはいつの時代でも批判の的になり、また庶民の怒りの源になります。しかも、その腐敗した人間が最高権力者に近いということで、なんのお咎めも受けない不公平さ。一方で賄賂を拒んだ者が罰せられる理不尽さ。

武士は普段は「喧嘩両成敗」といいながら、裁判を全く行うこともなく片方だけが切腹で、片方は全くお咎めなし。権力者に近い人間であれば大目に見られてしまうのか——。これも庶民の怒りを買うところでもあるわけです。

そういう諸々の不満がこの事件の背景にはあり、庶民たちはそれを「おかしいではないか」と思う。しかし、そうした声は大っぴらに表に出すことはできません。そうした中で行われたのが大石たちの「討ち入り」でした。

そこにはそもそも、平和な時代に侍は必要なのかという問題もあるわけです。「おまえら、刀を持って偉そうにしているけれども、実際には何もやっていないじゃないか」という不満があるところに、「武士とはこういうものである」というのを見せつけたことで、庶民たちは「よくぞやった、すごいじゃないか」となったのです。しかも、さまざまな艱難《かんなん》辛苦を乗り越え、わずか四十七人だけが命がけで江戸市中でこれだけのことをやってのける。平和に浸りきった元禄の世では考えもつかなかったことです。

庶民感情としては「こんな侍たちがいてくれたらいいな。それに比べて大半の侍たちときたら……」という願望と嘆きを四十七士が晴らしたのです。だからこそ英雄として扱われ、彼らの戦いは劇としても人気になりました。そのため時代を置き換えてでも描く必要があり、それをずっと語り継いできたのでした。

腐敗した権力に対する不満を時代に迎合しないストイックな者たちが晴らしてくれる。これは、いつの時代も変わらぬ庶民の願望でもあります。絶えず社会に渦巻く庶民の怒りが、大石たちには仮託されてきたのです。

④群像劇として

「忠臣蔵」の大きな特徴として忘れてはならないのは、その登場人物の多さです。大石内蔵助、浅野内匠頭、吉良上野介、そして四十七士。それだけでなく、それぞれの関係者に、脱落していった浪士たちや事件に巻き込まれた外部の人々――。とにかく、数多くの人間たちが関わっているのです。

しかも、平和な時代に「討ち入り」という武力蜂起に臨む者たちと、それに関わる人々の物語ですので、それぞれに平時とは大きく異なる人生の選択や決断が待ち受けています。その選択は、自身や周囲の人間の生死に直結してきます。そのため、それぞれの人間がそれぞれにドラマチックな背景と展開が用意されることになる。しかも、個々の人物やそのドラマはそれぞれに魅力的――。そんな、群像劇としての楽しさもあるのです。どんな人物たちがいるのかは、後の章で解説します。また、人物相関図を巻末に載せてありますので、そちらもご参照ください。

このように、刃傷事件から討ち入りまでの「忠臣蔵」という大きな物語の中に、さらにさまざまな物語が内包されているのです。そのため、展開の隅々までドラマチックなものになっていきます。

だからといって、個々の人物たちの物語の全てを一つの作品の中に盛り込むわけにはいきません。そのチョイスは実は作品ごとに異なっていますし、それぞれの解釈も微妙に異なります。そのため、同じ「忠臣蔵」という物語に触れていながら、掘り下げられる人物は作品ごとに異なっているのです。そのことも、後の章で詳しく検証しております。

「忠臣蔵」が何度も作られて結末も分かっているのに何度でも観ることができるのは、実はその中身はいつも少しずつ異なっているからでもあるのです。

D　作り手側の事情

忠臣蔵の映画やドラマが長いこと作られてきた背景として、作り手側にも大きな事情がありました。

「忠臣蔵」は大きな見せ場だけで六つあります。それぞれ屋内が主な舞台になるため、セットを作る必要があります。

「松の廊下」であれば、かなり長い廊下で襖《ふすま》に大きな松が描かれている。「大評定」の広間は赤穂藩の藩士全員が入る広いスペースになります。それから、祇園で大石が遊ぶ遊郭に「東下り」の宿に瑤泉院の屋敷。さらに討ち入りで使う吉良邸のセットも、大がかりなアクションを撮るだけの規模が必要になる。

どの見せ場も、セットにかなりお金がかかるわけです。

しかも、それぞれが、その一回の見せ場のためにしか使われません。つまり、1シーンだけのために大がかりなセットを作らなければならない。そのセットがいくつもある。それだけたくさんお金が必要だし、それを作れるだけのスタッフの技術力も必要になる。

そして何より、忠臣蔵はオールスターが前提になります。そうなるとキャストを集める資金力も政治力も必要。

つまり、「忠臣蔵」を作るというのはかなりの大プロジェクトなのです。

「忠臣蔵」を作るということは、「自分たちは忠臣蔵を作れる力があるんだ」という誇示でもあるわけです。そのため、映画会社やテレビ局の何周年記念作品だとか、あるいは、すごく会社の調子が良いときの特別な作品として作られてきました。

たとえば東映は一九五〇年代に時代劇映画の黄金期を迎えていますが、その最盛期の一九五六年に「創立五周年記念作品」として作ったのが『赤穂浪士　天の巻　地の巻』。ここから短期間で計三本オールスター忠臣蔵を作り、その力を見せつけました。

東映は、一度は映画から時代劇を撤退させますが、一九七八年、『柳生《やぎゅう》一族の陰謀』で一時的に復活させます。そして次の作品は『赤穂城断絶』と、忠臣蔵を持ってきます。「東映は時代劇を復活させましたよ」というアピールになったわけです。

NHKの大河ドラマもそうです。六三年のスタート時はまだテレビの制作力は下に見られていました。そうした中で第一作『花の生涯』は「無謀な企画」と言われながらもやり遂げる。そして第二作となったのが、『赤穂浪士』でした。ここに映画スターの長谷川一夫《はせがわかずお》を連れてきて大石内蔵助に置く。そして、新劇のトップにいた滝沢修《たきざわおさむ》を吉良上野介に持ってくる。

これはいままで映画界から下に見られてきたテレビ局が、遂に一年かけてオールスターの「忠臣蔵」を描けるだけの力を持った——というアピールでもあり、「NHK大河ドラマ、ここにあり」という威信を誇示する場として成り立ったわけです。

あるいは時代劇スターの三船敏郎《みふねとしろう》は自ら三船プロダクションをつくりましたが、映画でうまくいかなくなり、七一年にテレビに主戦場を移します。そこで最初に作ったのは、自らが大石内蔵助を演じた『大忠臣蔵』でした。これも「三船プロダクション単体の力で、一年間のオールスター忠臣蔵を作る力があるぞ」とテレビ界に誇示するものだったわけです。

日本テレビが「年末時代劇スペシャル」と銘打って「紅白歌合戦」の裏に時代劇のスペシ

ャル枠を作った際の第一回も、忠臣蔵でした。里見《さとみ》浩太朗《こうたろう》が大石内蔵助で、森繁久彌《もりしげひさや》が吉良上野介。これも、「紅白歌合戦の裏にぶつけるだけの時代劇を、うちは金をかけて作るぞ」という宣言でもあります。

テレビ東京は「開局二十五周年記念作品」を十二時間ドラマで作りましたが、これも九代目松本幸四郎《まつもとこうしろう》（現・白鸚《はくおう》）が主演の『大忠臣蔵』でした。

またフジテレビは八〇年代後半から九〇年代初頭にかけてトレンディドラマやバラエティ番組で隆盛を極めますが、この時に「自分たちは映画会社の力を借りずとも独力で忠臣蔵が作れるということを示したい」と、仲代達矢《なかだいたつや》主演で『忠臣蔵』を作りました。

アニバーサリー系で一番大げさなタイトルをつけたのが「日本映画誕生百周年記念」として東宝が作った、市川崑《いちかわこん》監督、高倉健《たかくらけん》が大石内蔵助を演じた『四十七人の刺客』です。

そうやってアニバーサリー的な看板を背負っての大規模なプロジェクトにふさわしい大ネタとして、忠臣蔵というのは機能し続けてきたのです。

逆に言うと、いま作れなくなっている大きな理由もそれなわけです。映画会社もテレビ局も金がないし、キャスティングの力もないんですよ。

実は、「忠臣蔵」が作られなくなった大きな理由は、作る力がないからだということです。よく「忠誠心に基づく精神性がわかりにくくなっているからではないか」という説もありますが、解釈はいくらでもアレンジできるから、やろうと思えばやれるんですよ。後で詳述しますが、実際にその時ごとに新解釈を入れて「忠臣蔵」の歴史は紡がれてきたのですから。

ところが、現在はそもそも製作ができない。時代劇自体がほとんど作られなくなっているのですから、「忠臣蔵」はなおのことです。

「なぜ忠臣蔵は廃れたのか」「なぜ若い人は忠臣蔵を知らないのか」ネット上にはさまざまな言説が展開されていますが、実はシンプルな理由なのです。

作られなくなったから馴染みがなくなった。それだけのことです。

「忠臣蔵」の中身にその要因を求める言説は、私には違和感しかありません。そもそも新しく観る機会がないので、若い人たちはその内容に賛否の意見を持ちようがないのです。

第二章　忠臣蔵は世につれ

先の章では忠臣蔵の最もオーソドックスな部分を解説しました。ただ、ここだけを読むと、「忠臣蔵は何百年も全く変わらない物語を伝えてきた」と捉《とら》える方も少なくないと思われます。

その認識は半分正しく、半分は違っています。たしかに、物語の主軸は基本的に変わらないのですが、その解釈や描き方、忠臣蔵の物語を通して伝えたいメッセージなどは時代の変遷につれて変化していたりします。

実はその時代ごとの「現代」を仮託する器として忠臣蔵は機能してきました。ここは多くの方に誤解されている点ではないかと思います。

そこでこの章では、赤穂事件が実際に起きてから現在まで、どのような解釈の変遷がなされてきたのかを追っていこうと思います。

そのため、本書は「映像作品における忠臣蔵の描かれ方」をメインにしておりますが、映画が登場する以前の話の概略もここでは盛り込んでおります。また、本章で取り上げる「忠臣蔵」は基本的に新解釈によって作られた作品です。「王道」の「忠臣蔵」の変遷は別章で詳述しております。

①江戸時代＝庶民たちの反逆

赤穂事件の上演は禁止！

先に述べましたように、四十七士による討ち入りは当時の人々に大きな衝撃を与え、また庶民たちは「義挙」として喝采しています。それだけに、興行の演目にすれば大人気となることは間違いありませんでした。が、それはできませんでした。

第一章で述べたようにそもそも江戸市中での騒乱は犯罪行為ですし、その相手は吉良上野介という隠居したとはいえ高い身分にいた者。しかも、四十七士の行為は不公平な裁定をした当時の幕府に対する抗議というニュアンスも含まれています。

当時はたとえ芝居であっても幕府批判に関わる内容は禁止されており、特に徳川家を揶揄することはもっての外でした。そのため、この赤穂事件も芝居として上演することは禁止されていたのです。

それでも討ち入り事件から二か月後、四十七士の切腹から十二日後の元禄十六（一七〇三）年の二月十六日には、江戸中村座で「曙曾我夜討《あけぼのそがのようち》」という芝居が上演されています。これは鎌倉時代に起きた曾我兄弟による仇討事件を題材にした内容なのですが、赤穂事件の記憶もまだ生々しい時期、「仇討」といえば観客が何を連想するかは分かり切っていました。実際の内容にも赤穂事件を模したものがあったようで、三日で上演中止に追い込まれます。

近松と「仮名手本忠臣蔵」

その三年後の一七〇六年に大坂《おおさか》の竹本座《たけもとざ》で「碁盤太平記《ごばんたいへいき》」が上演されます。これは近松門《ちかまつもん》左衛門《ざえもん》の作による人形浄瑠璃でした。赤穂事件をそのままは上演できないので、「太平記」と題名にある通り、舞台を南北朝時代に置き換えています。

室町初代将軍・足利尊氏を支える執事に高師直という男がいました。彼はとても好色で、塩冶判官という武将の妻が美しいことを知ると、横恋慕していきます。そしてその果てに双方は憎悪を募らせ、判官は師直に斬りつける。ところが、時の権力者に近い存在でもあるため、師直はお咎《とが》めなしで、判官のみ切腹させられ、お家も断絶させられてしまいました。

――というのは史実であった事件です。この構図が赤穂事件とよく似ていることに目をつけた近松は、これをベースに物語を創作。新たに「大星由良之助」という塩冶家の家老を架空の人物として付け加え、この者に同志たちと師直を討たせる展開にしています。その名前も設定も、どう考えても「大石内蔵助」がベースになっているのは明らかなのですが、あくまでこれは南北朝時代の話を元にしているということで幕府の検閲を逃れたのです。

この「碁盤太平記」をベースにして、赤穂事件から約五十年後の一七四八年に作られたのが、「仮名手本忠臣蔵《かなでほんちゅうしんぐら》」でした。これは三好松洛《みよししょうらく》、並木宗輔《なみきそうすけ》、竹田出雲《たけだいずも》という三名の作者による人形浄瑠璃で、ここで初めて「忠臣蔵」という名前が世に出てきます。同じく大星、師直、判官と設定を南北朝時代に置き換えた話になっています。

これが大人気となり、「仮名手本忠臣蔵」は浄瑠璃から歌舞伎になってさまざまな地域で長きにわたって上演されていきます。その一方で、事件そのものに関する書籍の販売は禁止されていたことで、史実としての研究は進みませんでした。そのため、この時に創作された物語が赤穂事件の一般的なイメージとして庶民に定着していったのです。

②国家のために利用される「忠君」

江戸時代の「忠臣蔵」は観客である庶民たちからすると武家政権に対する不満のはけ口であり、上演する側からすると権力への抵抗の手段でもありました。

これが明治になると状況は一変します。

江戸時代は赤穂事件は「体制への反逆」を意味するものでした。そのため、そのまま上演することは禁止されていました。しかし、今度はその徳川政権に代わって明治新政府の時代になるので、その圧力はなくなります。

むしろ、国家的に奨励されていったのです。

まず一八六八年、明治天皇が江戸に入る際、高輪泉岳寺に勅使が派遣され、大石内蔵助の墓前で「義士」として称賛の勅宣が述べられています。これにより赤穂事件の扱いは反転していくことになります。

明治政府は天皇を中心とした強力な中央集権体制を構築し、欧米列強に立ち向かおうとしていました。そうなると、四十七士の「主君のために己を捨てて命をなげうって戦う」という滅私奉公の行動はとても都合がよかった。彼らを称賛して模範とさせることで、「天皇のために命を捨てて戦う」という方向に国民感情を持っていきやすかったのです。そのため、学校教育の中にも忠臣蔵は盛り込まれていきます。

こうした状況下で史実としての赤穂事件の研究も進み、さまざまなエピソードが新たに詳《つまび》らかになりました。それらの成果もあり、明治の終わりから大正にかけて赤穂事件をベースにさまざまな創作物が誕生します。

中でも大活躍をしたのが浪曲師の桃中軒雲《とうちゅうけんくも》右衛《え》門《もん》でした。彼は「義士伝」を完成させて全国で興行を打ち、この口演が大人気になります。この「義士伝」には「赤垣源蔵《あかがきげんぞう》徳利の別れ」「南部坂雪の別れ」「吾妻下り」といった忠臣蔵の重要な見せ場も含まれています。これがさらに義士ごとのエピソードを掘り下げる「義士銘々伝」、協力者たちの物語「義士外伝」と発展、浪曲だけでなく講談、歌舞伎、大衆演劇といった多様な舞台で愛されていきました。

一九二五年からは真山青果《まやませいか》が「元禄忠臣蔵」を歌舞伎の戯曲として発表を開始。これが完成すると初めての実名での通し狂言（一場面だけでなく、物語の発端から結末までの全てが描かれた作品）となり、一つの物語としての完成形をみます。

映画もまた一九一〇年から四一年の日米開戦まで数多く作られてきましたが、基本的にはこうした文脈の中で作られ、人気を博していました。詳しくは別章で解説します。

③「義士」から「浪士」へ～『赤穂浪士』

一方、四十七士を「義士」として持て囃《はや》す風潮に抵抗した作家もいます。それが大佛次郎《おさらぎじろう》でした。大佛は、一九二七年に「赤穂浪士」という小説を書いています。

この作品がまず重要なのは「義士」ではなく「浪士」という言葉を使っていることです。忠義のために戦った「義士＝英雄」ではなく、藩を潰されたことで職を失った「浪人＝一人の等身大の人間」として捉えようという意図が見て取れます。

さらに、「義士」という言葉は討ち入りに参加した面々のことしか指しません。しかし、赤穂藩にいたのはそれだけではありません。最初から計画に参加する気のなかった者、途中で離脱した者も多々いました。四十七士が英雄として扱われるほど、彼らは「卑怯者」として扱われ、その子孫も含めて肩身は狭くなります。

が、そうした人々にもそれぞれに事情があり、その背後にはドラマがありました。討ち入りに向かう四十七士だけではない、そうした脱落者にもスポットライトを当てる。そうした意味合いも「浪士」という言葉には込められています。

そして、「義」という言葉を外したのは、大佛が討ち入りを「義のための闘い」と捉えなかったのもあります。よく考えると、「亡き殿の恨みを晴らす」といっても、それだけの動機でこれだけの大事を行うことができるのでしょうか。実際、二百六十年の徳川政権下で、これだけの行動を起こした者は他にいません。しかも、主君にもまた落ち度がある。吉良を必ずしも「仇」とは断定できない。「忠義」だけで長期間にわたる計画を遂行するには無理があるのではないか——。

フランス文学者でもある大佛は、大石がこの計画を遂行するに足る合理的な動機を補っています。それは、吉良だけではなく幕府、あるいは元禄時代そのものに対する異議申し立て——というものでした。

つまり、この件の最大の問題は吉良の嫌がらせでも、浅野による刃傷でもない。これだけの重大事案にもかかわらず、ろくな捜査も行われることなく事件の当日にもう内匠頭の切腹が言い渡され、その夜のうちに処刑されてしまったこと。しかも、屋敷内ではなく庭先での切腹という屈辱的な扱いで。それでいて、吉良にはなんのお咎めもない。本来なら「喧嘩両成敗」という武家社会の大前提があるのに、なんの検討もされることなくその大前提が覆されてしまった。その、あまりに理不尽な裁定を下した幕府への異議申し立て――つまり、時の権力に対する反抗として捉え直しているわけです。

蜘蛛の陣十郎と堀田隼人

また、賄賂が横行し、それによって公権力の動行が左右される風潮への批判もより強く出ています。大坂の陣が終わり八十年余が経ったことで世の中は平和になる一方、戦闘が行われなくなったことで武士たちは「政治家」として腐敗堕落しきっていた――。これが大佛の元禄時代の捉え方でした。この時の吉良への幕府の裁定はその象徴となります。時の権力者である柳沢吉保《やなぎさわよしやす》の近くにいる人間だからということで、武家社会の大前提すら曲げられてしまう。

一方で経済活動が活発化していく中で賄賂も横行、その額によってさまざまな差配が左右されていく。その象徴が吉良ということになります。それは、大佛の生きる「現代」を元禄に仮託した設定といえます。そして、そうした状況に対する庶民の鬱憤《うっぷん》がたまる中で、賄賂を拒む内匠頭や命を捨てて筋を通そうとする四十七士の生き方は、腐り切った武家社会へのカウンターという立ち位置になっていきます。

そうしたメッセージをより強く伝えるために、二人の架空の人物を大佛は創作しています。一人は「蜘蛛《くも》の陣十郎《じんじゅうろう》」。盗賊です。彼は大名や旗本の屋敷に忍んで盗みを行うことで、その鼻をあかすことを快感とします。「私は元来、武士が嫌いなんだ。なぜ町人より偉いのか、その理由が今もって分からない」というセリフに象徴されるように、庶民サイドの不満の象徴的な存在です。

もう一人が堀田《ほった》隼人《はやと》。浪人です。腕の立つ剣客なのですが、平和な時代にあってはそれを活《い》かす道はない。仕官できず、無為に空しく日々を送っていたところに刃傷事件が起きます。その腕を見込まれ、吉良方から大石への刺客を頼まれ、そこに自身の生きがいを見出す。ところが、大石に惚《ほ》れ込んでしまって斬ることができない。やがて大石は大挙を成し遂げる一方、自身は部外者としてそれを見送るしかできない。そして絶望感にさいなまれ、大石たちが庶民たちに喝采されながら凱旋《がいせん》する裏で自決してしまうのです。

これは「悩めるインテリ」という存在で、当時の大佛自身を投影した姿でした。日本が軍国主義に向かっていく中で何もすることができない文学者の無力さ。それがこの堀田隼人には込められているのです。

こうして「赤穂義士」ともう一つ、「赤穂浪士」という文脈が生まれていきます。国家による検閲もありましたので戦前の「忠臣蔵」映画は「義士」の解釈が中心ですが、戦後になると「浪士」が主流になります。そして、「現代」の感覚を交えながら新解釈の忠臣蔵が作られていくことになります。

④ＧＨＱの禁令と戦後の「忠臣蔵」～『赤穂城』『続・赤穂城』

日本が戦争に敗れ、ＧＨＱが占領統治するようになると日本の民主化のためにさまざまな方策が採られます。映画も例外ではありませんでした。「映画は日本の民主化に協力すべき」という方針の下、さまざまな統制が敷かれます。

特に時代劇は「封建主義を礼賛している」と判断されてしまい、厳しい製作制限がかけられました。内容面でも「個人的復讐が法律にとって代わることは許容されない」と規定されたため、刀によって決着をつける「チャンバラ」を描くことは自粛することになります。中でも「仇討」は厳禁とされ、「忠臣蔵」の製作はされなくなります。

一九五一年のサンフランシスコ講和条約で日本は独立を認められますが、映倫を通じてＧＨＱ時代の統制は続きました。そうした中でも、一九五二年に東映が先んじて戦後最初の「忠臣蔵」を作ります。それが『赤穂城』『続・赤穂城』の二部作でした。

といっても、まだ討ち入りまでは描くことはできません。『赤穂城』は浅野内匠頭の切腹まで、『続・赤穂城』はその後の大評定を主軸に大石による赤穂城明け渡しまでが描かれています。大石は仇討には言及せずに物語は終わり、赤穂藩の武装解除・戦闘放棄を描いた内容なので検閲も通すことができました。

城を明け渡す際に大石が「耐え難きを耐え、忍び難きを忍び――」という敗戦時の玉音放送の言葉を引用していることからもわかるように、開城して武装解除する赤穂藩が敗戦後の日本に置き換えられています。討ち入りが描けない分、その屈辱感や悔しさで当時の観客の涙を誘うという狙いが見受けられます。

翌五三年の『女間者秘聞《おんなかんじゃひぶん》　赤穂浪士』で東映が初めて討ち入りを描きました。これは、大石・吉良をはじめとする主要キャストは『赤穂城』のままな上に、冒頭の一〇分をかけて『赤穂城』『続・赤穂城』の総集編が挿入されており、「三部作の完結編」という位置づけではあります。が、タイトルの通り、表向きは全く関係のない話という体にしており、また内容も吉良邸に潜入した女間者の恋愛ドラマになっていて、あくまで討ち入りはその背景という描かれ方でした。また、最後には次のナレーションが流れます。

「この事件に対して、ある者は暴挙と批難し、ある者は快挙と賛美した。しかしながら、政道に叛《そむ》く故をもって元禄十六年二月四日、全員切腹を申しつけられた」

「事件」「暴挙」という言葉を使うことで、否定的なニュアンスも込めているのです。こうしたさまざまな配慮をしておかないと、まだ討ち入りを描くことができませんでした。

この年には初めて「忠臣蔵」の文字が冠された映画も公開されています。それが新東宝の『珍説忠臣蔵』。これは当時の喜劇俳優たちのオールスター映画でのタイトルの通りあくまで喜劇として「忠臣蔵」をパロディとして描いたものでした。

⑤東映の『赤穂浪士』

五四年に時代劇の製作が本格的に解禁されますと、待ち焦がれていた観客が殺到。空前の時代劇ブームが起きます。そして、この年に松竹が「忠臣蔵」を初めて通し狂言として製作したのを皮切りに、各映画会社ともに「忠臣蔵」を作るようになります。その詳しい内容は後の章に譲りますが、この際に作られたのは戦前からの「義士」としての「忠臣蔵」だけではありませんでした。大佛次郎の作り出した「浪士」としての文脈をベースに、戦後社会の価値観に合った新解釈の「忠臣蔵」が作られるようになったのです。

ここからは、その新解釈で作られた映像作品の流れを追っていきます。オーソドックスな「忠臣蔵」に関しては、後の章で詳述します。

まずは五六年、東映が『赤穂浪士』を作ります。製作を指揮した東映の幹部・マキノ光雄《みつお》はその狙いを次のように述べています。

「いまの人達には、あの封建的な、主君のために仇を討つというテーマだけでは物足りない。天皇陛下でさえ批判できる世の中になったのに、忠臣蔵を批判せずに、ただ四十七人が忠義のために死んでいったというだけでは、何としても力が弱い」（『キネマ旬報』五七年四月上旬号「時代映画の三十年」より）

このスタンスは、以降の「忠臣蔵」の製作者の多くに通底するものになっていきます。そのために本作は「忠臣蔵」の主だった見せ場は全て入れつつ、それだけではなく堀田隼人のドラマも丁寧に掘り下げ、また脱落する浪士の象徴として小山田庄左衛門《おやまだしょうざえもん》の悲劇も盛り込んでいます。討ち入りのシーンでは、そこに参加できない庄左衛門の姿も同等に描き、ラストは隼人の自害で終えるなど、ただの義挙に対し喝采するだけの話にしていないのは、まさにマキノの狙い通りといえました。

⑥大河ドラマ『赤穂浪士』

五〇年代半ばから六〇年代初頭にかけての時代劇映画隆盛を受け、東映の三本を筆頭に各映画会社は競うように「忠臣蔵」映画を作っていました。

ところが六〇年代になると映画での時代劇は低調になり、主戦場はテレビへと移っていきます。そうした中で六三年に始まったのがNHK大河ドラマです。一年をかけて豪華キャストを集めた毎週の連続時代劇を作るこの枠は、テレビに時代劇の覇権が移ったことを象徴するものでした。そして、六四年の第二作で初めて取り上げた「忠臣蔵」もまた、『赤穂浪士』でした。

「国民的作家の原作」「大スターを集める」。これが、NHK幹部が開始当初の大河ドラマに課した条件でした。それには「忠臣蔵」ほど適した題材はありません。第二作は『赤穂浪士』に決まっていきます。

ここでNHKは長谷川一夫という時代劇のトップスターを担ぎ出すことに成功しました。映画で時代劇のトップを張ってきたスターがテレビで主役を張る。これにより、「NHKは長谷川一夫という大スターを使って一年間を通した忠臣蔵をやれるだけの力を備えている」

ということを内外にアピールすることができたわけです。さらに吉良上野介役に滝沢修《たきざわおさむ》という新劇の看板役者が、内蔵助の妻・りくにこれまた映画のトップスターである山田五十鈴《やまだいすず》が出演。他にも名だたる役者を次々と揃えました。

ここで重要なのは、「忠臣蔵」を題材にする上で『赤穂浪士』を原作に選んだことです。一九六四年は東京オリンピック開幕の年。未曾有《みぞう》の高度経済成長のなかで「昭和元禄」と呼ばれていた時期です。その時代に元禄時代を批判的に描いた『赤穂浪士』を原作にもってきた。つまり、この原作選びには現代への批判精神が盛り込まれているわけです。

⑦悪役を主役に！～『元禄太平記』

大河ドラマをあまりご覧になっていない人は、大河は「歴史ドラマの王道」であり、「英雄が活躍する話ばかり」と思いがちです。が、それは全くの誤解です。

大河ドラマは、これまでの通説で悪役として捉えられてきた人物、あるいは日陰にいた人物にスポットを当てて新たな人物像を捉え直そうという作品が実は多い。それからもう一つ、放送される「現代」の視点に基づいた新解釈を史実の中に盛り込んでもいます。

「忠臣蔵」を題材にする際も、それは変わりません。『赤穂浪士』を含めて二〇二一年現在まで四回「忠臣蔵」は大河で取り上げられてきましたが、その全てが新しい視点、新しい解釈に基づくものでした。

大河で二度目の「忠臣蔵」は『元禄太平記』です。この主人公は大石ではありません。柳沢吉保。多くの「忠臣蔵」では吉良の後ろ盾となる権力者＝黒幕的な悪役として扱われてきた人物を主人公にしており、本作では石坂浩二《いしざかこうじ》が演じました。

主役だからといって、善人として描かれてはいません。

「どんなにそしられようと笑われようと大事を成す者こそ勇者なのだ」

「人の上に立ち、より高い地位に昇り、より強い力を得て、我が手に天下を動かすことこそ男の夢というものだ！」

と堂々と言い放つ、怜悧《れいり》で腹黒い野心家です。さまざまな策謀によって将軍綱吉（芦田伸介《あしだしんすけ》）の寵愛を得て、次々と政治的暗闘に勝利していく。いわばピカレスク的な話です。そして、彼が向き合うことになる重大案件として赤穂事件がある。

松の廊下での内匠頭（片岡孝夫《かたおかたかお》＝現・仁左衛門《にざえもん》）の刃傷に綱吉が激怒して即日切腹を命じたことで、吉保はその事後処理をしなければならなくなります。幕府の威信を守るためには、幕府への反逆行為、ましてや江戸市中での騒乱はあってはならないこと。そのため、討ち入りをさせないために吉保はさまざまな策を弄《ろう》していきます。そうした吉保側の論理も描かれているところに、『元禄太平記』の新しさがあります。

ただ、権力者として昇り詰めるにつれて傲慢さを増していく吉保は、そのために赤穂事件の対応をことごとく誤ります。そして、大石がついに討ち入りを決行するに至り、それが失脚に向けての端緒になっていくのです。そこには、主君や故郷を奪われた者の想いを理解することのできない、成り上がりもの故の悲しさがありました。

大石（江守徹《えもりとおる》）とは若い頃に邂逅《かいこう》したことがある設定になっており、そこから正反対の道を歩むことになる二人の生涯——後世に片や英雄として、片や悪人として伝えられることになる皮肉な宿命が浮き彫りになっていました。

⑧悩める大石～『峠の群像』

三度目の「忠臣蔵」となる八二年の大河第二十作『峠の群像』は緒形拳《おがたけん》が大石を演じ、赤穂藩士たちの人間模様が描かれる群像劇になっています。そして、大石、内匠頭（隆大介《りゅうだいすけ》）、上野介（伊丹十三《いたみじゅうぞう》）、三名ともに定石とは全く異なる描かれ方でした。

まず、浅野と吉良との対立の解釈が珍しい。吉良が必ずしも一方的に悪いという展開になっていないのです。赤穂藩は産業振興のために塩田開発に成功、これが大坂の市場を独占するほどの人気となります。が、そのために吉良の塩が売れなくなる。上野介は領民のために頭を下げて塩田の製法を教えてもらおうと乞《こ》うのですが、内匠頭はこれを突っぱねてしまうのです。また、江戸が大火になった際も、吉良邸にまで火が及びそうになったので上野介は消火の指揮を執っていた内匠頭に対応を願い出るも、内匠頭はこれも突っぱねる。

そうした過程を経た上で勅使饗応の話が持ち上がってきたため、内匠頭はこれが自らを陥れようとする吉良による陰謀ではないかと誤解してしまいます。その後の指南の段階になっても、吉良はちゃんと教えているのです。が、その言い方が嫌みっぽかったり、他にもさまざまな誤解が重なったりして、双方のボタンがどんどん掛け違っていく。そして最終的には内匠頭は神経を衰弱させてしまい、逆恨みに近い形で斬りつけるのです。

すぐに感情が表に出て、後先を考えずにその感情のおもむくままに行動してしまう浅野。言っている内容は正論なのに、その言い方や態度が傲慢すぎるために全く真意が通じない上野介。全く新しい解釈による双方の描かれ方でした。

また、それに対しての大石の受け止め方も新しい。浅野の切腹に関して「殿の不調法によるもの」「ご定法通り」と冷静に受け止めているのです。それでも討ち入りを決意するのは、吉良をお咎めなしのまま放置していたのでは、自分たちの「人前《ひとまえ》」＝面目が立たないからという理由によるもの。つまり、仇討でも幕府への異議申し立てでもなく、自分たちの面目を守るための戦いという捉え方なのです。

そして、決意した後になって大石は「吉良様を討てば真《まこと》、浅野の人前が立つのであろうか。百人もの命を捨てるに値することだと思うか――」と悩みます。そのことを不破数右衛門《ふわかずえもん》（小林薫《こばやしかおる》）に窘《たしな》められても「わしが迷ってなぜ悪い！」と吠《ほ》える。英雄ではなく、苦悩する等身大の人間としての大石像が描かれていました。

大石ですら悩んでいるのですから、討ち入り反対派の捉え方も従来と異なります。多くの作品では、討ち入りに反対する者は「卑怯者」と蔑《さげす》まれる扱いでした。が、『峠の群像』ではそうではありません。本作は、もう一人の主人公として石野七郎次（松平健《まつだいらけん》）という架空の藩士が登場します。彼は途中から赤穂藩に仕官して塩田開発を成功させた経済官僚で、藩が取り潰された後も仲間たちと赤穂に残り、武士を捨ててまで塩田開発に勤《いそ》しみます。それだけに、討ち入りに向かう大石に対して「あなたは間違っている」と言い放ちます。それに対して大石は、こう答えるのです。

「己の信ずるところが真だ。石野は間違っておらん。片岡も間違っておらん。おそらく私も間違っていないと思う」

正しい価値観は一つではない――そんな、現代的な多様性を「忠臣蔵」に持ち込んだ作品だったのです。

⑨ドロドロの人間模様〜『元禄繚乱』

九九年の『元禄繚乱《りょうらん》』は大河ドラマが「忠臣蔵」を題材にした、今のところ最後の作品になっています。

この脚本を書いた中島丈博《なかじまたけひろ》は立派な人物や英雄的な活躍を描くのが嫌いで、どんな人間であっても下世話さや欲望、それからみみっちさやせせこましさを描こうとする作家です。それは題材が「忠臣蔵」であっても変わりません。

それは大石（中村勘三郎《なかむらかんざぶろう》）のキャラクターによく出ています。正妻・りく（大竹《おおたけ》しのぶ）だけでなく、愛人（南果歩《みなみかほ》）もいる設定で、女好きで世間慣れている人物として設定されているのです。正妻を迎えるからといって愛人と別れたくない——と婚礼を悩む場面もあります。

吉良（石坂浩二）も若い妾《めかけ》（奥菜恵《おきなめぐみ》）に入れあげる上に、上杉家にたかって財政難に陥らせ、家老の千坂兵部《ちさかひょうぶ》（竜雷太《りゅうらいた》）から「上杉家に食らいついたマムシ」と煙たがられる始末。内匠頭（東山紀之《ひがしやまのりゆき》）には「美女は金品より効き目があろうのう」と勅使に女性を献じることを厭《いや》らしく勧めています。

さらに、千坂に代わって上杉家を差配する色部又四郎《いろべまたしろう》（松平健）は愛人（高岡早紀《たかおかさき》）を堀部安兵衛（阿部寛《あべひろし》）に近づかせ、その色気で籠絡《ろうらく》しようとします。そして、それにより江戸の浪士たちの絆にヒビが入っていくという展開になっていくのです。

また、ほとんどの「忠臣蔵」では浅野家再興の旗頭として名前だけしか出てこない内匠頭の弟・大学《だいがく》（赤坂晃《あかさかあきら》）も本作には登場します。これが、上野介に取り入るために兄の妻・阿久利《あぐり》（宮沢《みやざわ》りえ）に上野介に抱かれるよう持ちかけるという下世話ぶり。

そして諸悪の根源として出てくるのが将軍の綱吉（萩原健一《はぎわらけんいち》）。これがとにかくエキセントリックな男で、気に入らない者は気分のままに容赦なく潰していく。柳沢吉保（村上弘明《むらかみひろあき》）はそんな綱吉にひたすら媚び、綱吉を喜ばせるために様々な策謀によって人々を陥れていきます。

今回の柳沢は吉良の味方のフリをして、裏では大石たちの行動を黙認しています。といって、それは「義」に協力するためではありません。大石に討ち入りをさせることで、上杉家に加えて安芸《あき》の浅野本家という外様の大藩も巻き込むことでその責任をとらせ、一気に取り潰してしまおうという陰謀があったのです。それもこれも、綱吉を喜ばせたい一心によるものでした。

そして、赤穂事件と並んで物語の主軸となるのが、岡島忠嗣（吉田栄作《よしだえいさく》）と染子《そめこ》（鈴木保奈美《すずきほなみ》）の顚末です。上州・沼田藩士の岡島は染子と愛し合いますが、綱吉の横暴で藩は取り潰しに。岡島は全てを失う一方、染子は大奥に上がり、綱吉に見初められます。が、大奥の政争に巻き込まれて柳沢に下賜されることに。岡島と染子はその間に逢引きを重ね、染子は岡島の子を身籠《みごも》ります。それを知った柳沢はその子を綱吉の子として育て、権勢を高めるために利用。染子もその野心に加担し、変貌していきます。

何もかもを失った岡島は綱吉や柳沢への復讐のために赤穂浪士に近づき、討ち入りに向けて協力していくのです。そして、最後は命を落とした寺坂吉右衛門《てらさかきちえもん》に代わり討ち入りに参加することになります。

後に『真珠夫人《しんじゆふじん》』『牡丹《ぼたん》と薔薇《ばら》』といったドロドロの昼のメロドラマで一世風靡することになる中島脚本らしい、ドロドロの人間模様が描かれる忠臣蔵でした。

⑩ＴＢＳの三作

これは後で詳述しますが――民放テレビ局で放送されてきたのは、新解釈をあまり入れない「オールスター忠臣蔵」が大半になっています。その中で異彩を放つテレビ局がありました。それがＴＢＳです。

「ドラマのＴＢＳ」を開局以来の社是としてきたＴＢＳは、「忠臣蔵」を作るにしても従来の解釈のままとはしませんでした。

『肝っ玉母さん』『ありがとう』といった女性を主人公にしたホームドラマを得意としてきた石井ふく子プロデューサーは盟友でもある脚本家の橋田壽賀子《はしだすがこ》と組んで、『女たちの忠臣蔵』（七九年）、『忠臣蔵・女たち・愛』（八七年）という二本の「忠臣蔵」ドラマを作っています。いずれの作品も「女性目線」「平和主義」という石井プロデューサーのドラマツルギーが徹底された内容でした。

『女たちの忠臣蔵』は大石が江戸入りをして、いよいよ討ち入り決行が迫る中での人間模様が展開されます。描かれるのは討ち入りに向かう浪士たちではなく、後に残されることになる女性たちのドラマです。そして、彼女たちの多くは討ち入りに反対の立場をとっています。たとえば内匠頭の妻・阿久里（佐久間良子《さくまよしこ》）は通常は討ち入りを心待ちにしている設定なのですが、ここではそうではありません。最後の別れを言いに来た大石（宇津井健《うついけん》）に「くれぐれも軽挙妄動は慎まれますよう」「後に残された者はどうなります」「残された者のつらさは私だけでたくさんです。これ以上、私のような女を一人でも残さぬように」と諭しているのです。

この言葉は、この作品に出てくる女性たちに通底する想いになっています。「討ち入りを忘れて生きてほしい」「私と子のために生きてください」――口々にそう投げかけるのですが、その言葉は男たちに届くことなく、討ち入りへ向かっていくことになるのです。

これは、次の『女たち・愛』も同じです。大石（丹波哲郎《たんばてつろう》）は妻のりく（香川京子《かがわきようこ》）に「後に残る者の方がどれだけつらいか、よう存じておる。許せ」という言葉を投げかけており、やはり「後に残される女性」に主軸が置かれているのが分かります。

物語は何組もの男女の恋愛模様が描かれるラブストーリーが主軸で、メロドラマ調になっています。そのいくつもの「愛」が討ち入りによって引き裂かれていくという展開です。

いずれの作品も、平和主義者である石井－橋田コンビの美学が徹底されているため、討ち入りが否定的に描かれています。

そして池端俊策《いけはたしゆんさく》の脚本による九〇年の『忠臣蔵』も、このタイトルでありながらやはり討ち入りに対して否定的なスタンスの作品でした。

大石をビートたけしが演じていますが、彼は主役ではありません。では誰が主役かというと大野九郎兵衛《おおのくろべえ》（緒形拳）です。大石に並ぶ家老の立場にありながら、最初の段階から籠城も殉死も討ち入りも反対した挙句に赤穂を去ってしまったために、これまでの作品では「卑怯者」の代表格として悪役の扱いを受けてきました。

その大野が回想する形式で赤穂事件が語られていく展開になっています。ですので、当然、討ち入りは否定的に描かれます。そして本作が新しいのは、大石の描かれ方です。これまでの大石は、たとえ迷うことはあっても基本的には討ち入りを「是」とする立場でした。が、本作はそうではありません。討ち入りをする気は全くない。大野と共にリアリストで、討ち入りは無駄なことと思っているのです。そんな男が浪士たちに祭り上げられ、やりたくないのに押し切られてしまった。そうした悲劇として描かれているのです。討ち入りに向かう大石と、それを必死に止める九郎兵衛の芝居がクライマックスとなり、泣かせてくれます。

これまでの大石像を大きく変える、ラディカルな解釈のなされた作品でした。

⑪『決算！　忠臣蔵』

今のところ、最も新しい「忠臣蔵」映像化作品になります。

これは経理サイドから見た「忠臣蔵」です。赤穂藩が取り潰しになってから討ち入りまで約一年半あるのですが、浪士たちはその間の生活をどのように賄ってきたのか——という話です。

城を出る時に大石は大金を持ち出していて、浪士たちの生活を支えるのと同時に討ち入りの軍資金もそこから拠出することになります。その管理を任された勘定方＝経理担当の視点から描かれていくのです。

この作品が面白いのは、何かことが起きる度に残金の総額がテロップで画面に出て、それがどんどん減っていく点です。しかも今の観客に分かりやすいよう「両」ではなく「円」に換算している。果たして討ち入りまで資金はもつのか。そのハラハラドキドキが物語の主軸でした。

たとえば江戸の浪士が大石に討ち入りの決起をうながすために京都に移動する。その交通費も大石側から出ているわけです。それで一人で来てくれるならまだいいのに、三人で来て困った——とか、そういうことがコミカルに描かれていきます。

クライマックスも討ち入りではなく、討ち入りに向けての予算会議です。どのような服装や装備が必要かを話し合う。ここで菅谷《すがや》半之丞《はんのじょう》（妻夫《つまぶ》木聡《きさとし》）という浪士が軍師的な役割で、作戦成功のために完璧な案を矢継ぎ早に出していきます。ところがそれは予算を度外視したものであるため、他の浪士たちが盛り上がる一方で大石と勘定方は蒼《あお》ざめていく。そして、経理的なせめぎ合いが展開されていくのです。そして、予算に収まるプランが出来上がったところで大団円。討ち入りは描かれません。

予算と理想論との葛藤——というのは実に現代的な切り口でした。

「忠臣蔵」というのは今でも史実として解き明かされていない点は少なくありません。

なぜ吉良と内匠頭が対立し、内匠頭は吉良に斬りつけることになったのか。なぜ大石は討ち入りへと向かったのか。その間の各藩士はどう動いたのか。なぜ討ち入りは成功したのか――。それらは実のところ解明されていません。だからこそ、さまざまに解釈することができるのです。

作り手たちはさまざまな想いを込めて「忠臣蔵」に臨み、新たな物語を紡いでいました。

第三章　キャラクター名鑑

A　四十七士

大石内蔵助に率いられて吉良邸に討ち入りした四十七士たち。彼らもまた、それぞれに粒だった個性のある魅力的なキャラクターとして描かれてきました。

ここでは、その中でも特に重要な面々をピックアップし、彼らが映像化作品の中でどのように描かれ、どのような役割を果たしていったのかを解説します。また、巻末の人物相関図を参照しながらそれぞれの解説をお読みいただくと分かりやすいかもしれません。

①堀部安兵衛《剣豪》

大石や内匠頭と並んで出番の多いのが堀部安兵衛です。

彼の大きな特徴は剣豪であること。元禄時代は大坂《おおさか》の陣から九十年、島原《しまばら》の乱からも七十年近く経っていますから、武士とはいっても実戦経験のある者はほとんどいません。が、この堀部安兵衛は実戦経験者なのです。

元は中山安兵衛という長屋暮らしの貧しい浪人で、飲んだくれて喧嘩《けんか》に明け暮れていたため「喧嘩安」と呼ばれていました。伯父に生活の面倒を見てもらっていたのですが、その伯父からはいつも小言をもらっていた。そのため鬱陶《うっとう》しくも感じていたんですよね。

その伯父がひょんなことから因縁をつけられ、果し合いを申し込まれます。ところが相手は多数の助っ人を引き連れている。そのため伯父は安兵衛に助っ人を頼み、手紙を託します。ところが、安兵衛は飲んだくれていて受け取れない。そして、ようやく手紙を読んだらもう時間が経っている。そして、決闘の場である高田馬場に駆けつけたところ、既に伯父は斬られていました。怒った安兵衛は一気に敵を斬り伏せていきます。

その果し合いは「高田馬場の決闘」と呼ばれています。戦前にはこれを題材にした映画が多く作られ、阪東妻三郎《ばんどうつまさぶろう》や大河内傳次郎《おおこうちでんじろう》といった大スターたちが安兵衛役を演じていました。つまり、安兵衛は赤穂藩士になる前から主人公＝ヒーローたる存在だったのです。

この時の活躍が認められ、赤穂藩士・堀部弥兵衛《やへえ》の婿養子に入り「堀部安兵衛」と名乗ることになります。そして、赤穂事件に巻き込まれていく。

そうした経歴の持ち主ですから、「忠臣蔵」でのポジションは武闘派です。急進的な主戦論者で、慎重な態度を続ける大石とは対極の存在になります。安兵衛が血気盛んに討ち入りの早期決行を唱えることで、大石の冷静沈着、泰然自若ぶりが際立つことになるのです。我慢できない人間がいるからこそ、大石の我慢の大変さが強調される。そうした役割になります。

そのため、安兵衛役のキャスティングは、

・スターかそれに準ずるポジション
・ギラついた殺気やヒリヒリした危うさを出せる
・見るからに強そう

という三点が条件になります。

三船敏郎が大石を演じた『大忠臣蔵』（七一年、テレビ朝日）の渡哲也《わたりてつや》、北大路《きたおおじ》欣也《きんや》が大石を演じた『忠臣蔵』（九六年、フジテレビ）の世良《せら》公則《まさのり》、十八代目中村勘三郎《なかむらかんざぶろう》が大石を演じた『元禄繚乱』（九九年、ＮＨＫ）の阿部寛あたりは好例といえるでしょう。珍しいところでは『元禄太平記』（七五年、ＮＨＫ）の関口宏《せきぐちひろし》です。後の司会者としての穏やかな姿からは想像つかないかもしれませんが、ギラついた安兵衛をきちんと演じ切っていました。

また、我慢するばかりで動きの少ない大石よりも、動的な安兵衛の方が現代の視聴者には受け入れられるのでは――という判断もあり、近年では安兵衛を主役にした「忠臣蔵」も作られています。『忠臣蔵　１／47』（二〇〇一年、フジテレビ。安兵衛＝木村拓哉《きむらたくや》、大石＝佐藤《さとう》浩《こう》市《いち》）、『堀部安兵衛』（〇七年、ＮＨＫ。安兵衛＝小澤征悦《おざわゆきよし》、大石＝中村梅雀《なかむらばいじゃく》）、『忠臣蔵その義その愛』（一二年、テレビ東京、安兵衛＝内野《うちの》聖陽《せいよう》、大石＝舘《たち》ひろし）と、近年は安兵衛が主役の「忠臣蔵」の方が主流とすらいえ、四十七士の中でも別格的な扱いを受けてきました。

②不破数右衛門《豪傑》

剣豪キャラクターにはもう一人、不破数右衛門《ふわかずえもん》がいます。堀部がヒリヒリするような危うさを放つキャラクターとすると、数右衛門はワイルドで豪放磊落《らいらく》な「豪傑」のキャラクターになります。『三国志』にたとえると、安兵衛が呂布《りょふ》か関羽《かんう》なら、数右衛門は張飛《ちょうひ》といったところです。

彼は心ならずも人を殺《あや》めてしまったために藩を放逐され、浪人暮らしをしていました。そこに赤穂藩取り潰しの報を聞き、赤穂城に帰還してやがて浪士の仲間に入っていきます。そのため、登場時から髭《ひげ》や髪はボサボサで、服装も汚い。ビジュアル的にも際立っているのです。

ただ、一度は藩を放逐された浪人ですから、最初は討ち入りの同志には入れてもらえません。参加の経緯は作品によって異なります。刺客に襲われる大石を助けることもあれば、内匠頭の墓参をする大石に懇願するという場合もあります。

そのため数右衛門役には、ワイルドで豪快な感じのする俳優が配役されることになります。八代目松本幸四郎（今の幸四郎の祖父）が大石を演じた映画『忠臣蔵』（六二年、東宝）の佐《さ》藤允《とうまこと》、萬屋錦之介《よろずやきんのすけ》が大石を演じた映画『赤穂城断絶』（七八年、東映）の千葉真一《ちばしんいち》、高倉健が大石を演じた映画『四十七人の刺客』（九四年、東宝）の岩城《いわき》滉一《こういち》がその好例といえます。

意外なところでは片岡千恵蔵が大石を演じた映画『忠臣蔵　櫻花の巻　菊花の巻』（五九年、東映）の山形勲《やまがたいさお》が挙げられます。山形は本来なら吉良や柳沢役を演じてもおかしくない（実際に別作品ではそれぞれ演じています）、貫禄のある黒幕的な悪役を得意とする俳優です。が、それとは正反対のキャラクターも完璧に演じていました。また、意外なキャスティングという点では、緒形拳《おがたけん》が大石を演じた大河ドラマ『峠の群像』（八二年、ＮＨＫ）の小林薫《こばやしかおる》もそうです。寡黙で温和な人物を演じるイメージの強い小林ですが、ここではそれを一新するかのように血気盛んな武辺者《ぶへんもの》を演じ切っています。

③赤垣源蔵《飲んだくれ豪傑》

実際には「赤埴源蔵《あかばねげんぞう》」という名前なのですが、創作においては「赤垣源蔵《あかがき》」として登場します。この赤垣源蔵は四十七士の一人ではあるのですが、討ち入りに向けて何らかの役割を果たすことはありません。出番は終盤、討ち入り直前になってからです。

彼は「赤垣源蔵　徳利の別れ」という浪曲の創作エピソードの主役なのです。源蔵は主君のことを忘れたかのようにいつも飲んだくれていて、脇坂《わきさか》家に仕官している兄や兄嫁から呆れられています。そして討ち入りの当日、源蔵は一升徳利を下げて兄の家を訪ねます。

別れの挨拶をするためでしたが、あいにく兄は不在。兄嫁は、また酒の相手をさせられるのかと仮病を使い出てきません。源蔵は女中に頼み、兄の羽織を持ってこさせます。そして、その女中に相手をしてもらいながら羽織に向かって涙ながらに酒を飲むのです。兄には会えないまま源蔵は討ち入りへ向かう。

帰宅した兄は女中からその話を聞き、何か引っかかるものを感じ、後になって弟が討ち入りのための最後の挨拶に来たのだと知るのです。兄も兄嫁も、激しく後悔することになります。

四十七士の中にあっても単独での見せ場があるため、堀部安兵衛と同じく浪曲を原作にした赤垣が主人公の映画もあります。また、そうした別格的な扱いでもあるので、大石を主役にした場合でもスターが演じることになります。その場合は豪快さが魅力のスターが配役されます。豪快な男が寂しい別れを演じるから泣ける――という仕掛けになっているのです。

長谷川一夫が大石を演じた『忠臣蔵』（一九五八、大映）の勝新太郎、山村聰《やまむらそう》が大石を演じた『あゝ忠臣蔵』（一九六九、関西テレビ）の夏八木勲《なつやぎいさお》、三船敏郎が大石を演じた『大忠臣蔵』（一九七一、NET（現在のテレビ朝日））のフランキー堺、仲代達矢が大石を演じた『忠臣蔵　風の巻・雲の巻』（一九九一、フジテレビ）の渡辺謙はその好例といえます。

④岡野金右衛門《誠実な二枚目》

四十七士は最終的に討ち入りを決行して成功させているほどの戦闘力なので、基本的には堀部安兵衛に代表される武辺者が多いです。が、むさ苦しい者ばかりかというと、そうではありません。その代表格が岡野《おかの》金右衛門《きんえもん》。実直で誠実な二枚目というキャラクターとして描かれます。そして、スパイ戦やラブストーリーを担当するのです。

「忠臣蔵」にはスパイ映画的な面白さがあります。討ち入りを成功させるためには吉良方の情報を、しかも相手に気づかれないように探り出す必要がある。吉良方も討ち入りに備えて対策を練っています。刃傷《にんじょう》事件の後、吉良は幕府に屋敷替えを命じられました。そうなると、その新しい屋敷の絵図面を入手することは、討ち入りを成功させるために必要な条件となってくるのです。それをいかにして手に入れるか——。その役割を果たすのが、この岡野金右衛門でした。

赤穂城開城後、赤穂浪士たちは江戸にいて町人に身をやつして暮らしていました。岡野金右衛門は江戸在住の浪士のまとめ役である吉田《よしだ》忠左衛門《ちゅうざえもん》が営む商店（作品によって扱う商品は異なります）で働いていて、その実直な働きぶりと二枚目のルックスもあって女性客に人気がありました。

そして、その客の一人、おつやという若い女性が金右衛門に気があることが分かります。

しかも、そのおつやは吉良邸を改築した大工の棟梁《とうりよう》の娘だったという。完璧な設定です。

これが「007」のジェームズ・ボンドなら簡単に近づいて籠絡《ろうらく》してしまうところでしょうけど、金右衛門は誠実な男。彼女をだますようなことはできないと躊躇《ちゅうちょ》します。しかし、葛藤した上で自分がこの役割を果たさない限りは念願は果たせないと知り、付き合うことにします。そして、付き合い始めると本当に好きになってしまう。そのため、なかなか吉良邸の絵図面の件を言い出せない。それでも最終的には、真の目的を伝えずに絵図面を持ってくるよう頼みます。おつやは好きな人のためなら、と父がしまっていた絵図面を持ち出す。

ところが、この父親というのが実は浅野びいき。そのため、見て見ぬふりをするのです。そして討ち入りを終え、江戸庶民の喝采を受けながら練り歩く浪士たちの中に金右衛門を見て、おつやは初めてその正体を知ることになります。

ですので、キャスティングする際は二枚目とはいっても「女好き」という感じのない、誠実そうなイメージの俳優が配役されます。片岡千恵蔵が大石を演じた映画『忠臣蔵　櫻花の巻　菊花の巻』（五九年、東映）の大川橋蔵《おおかわはしぞう》、八代目松本幸四郎が大石を演じた映画『忠臣蔵』（六二年、東宝）の夏木陽介《なつきようすけ》、中村勘三郎が大石を演じた大河ドラマ『元禄繚乱』（九九年、NHK）の葛山信吾《かつらやましんご》、松平健が大石を演じた『忠臣蔵』（〇四年、テレビ朝日）の要潤《かなめじゅん》がその好例といえます。

⑤大高源吾《教養人》

赤穂浪士の中には風流をたしなむ教養人もいました。その代表格が大高源吾《おおたかげんご》。彼もまた、武辺者が揃う面々の中で異彩を放ちます。

源吾は浪人になった後も江戸で開かれる俳句やお茶の会に顔を出し、教養人のコミュニティに参加します。それは、自身の趣味を通すだけではありませんでした。そうした会は上流社会の社交の場でもあり、同じく教養人である上野介の知人もいる。そのため、そうした会を通じて吉良の情報を探っていくわけです。つまり諜報担当、スパイの役割です。

特に大きな役割を果たすのが最終盤です。いつ吉良邸に討ち入るか。この日取りが重要になります。吉良方も警戒をしていますから、タイミングを間違えると返り討ちに遭います。また、討ち入りをしても上野介が屋敷にいなければ意味がない。そこで、源吾の情報網が役に立つのです。

源吾はお茶の師匠である山田《やまだ》宗徧《そうへん》から十二月六日に吉良邸で大々的な茶会が催されると聞きます。大石はその前の夜は必ず吉良は屋敷にいると判断し、十二月五日に決行することになりました。ところが、その茶会には将軍も出席するとなります。そうなると江戸市中も含めて警戒が厳しくなる。そこで、決行直前になり急きょ延期されるのです。この辺りの情報も源吾によるものでした。

　そして、山田宗徧からの情報で十二月十四日に吉良邸で年忘れの大々的な茶会が催されることを摑《つか》みます。この日なら、吉良邸の面々も油断しているに違いない——となり、決行の日が決まるのです。

　キャスティングする際は、「教養人としての知的さ」と「スパイとして潜入するため、ギラつかずに目立たない雰囲気」という二点が条件になります。里見《さとみ》浩太《こうた》朗《ろう》が大石を演じた『忠臣蔵』（八五年、日本テレビ）の峰竜太《みねりゅうた》、北大路欣也が大石を演じた『忠臣蔵』（九六年、フジテレビ）の平田満《ひらたみつる》、中村勘三郎が大石を演じた大河ドラマ『元禄繚乱』（九九年、NHK）の辰巳琢郎《たつみたくろう》、それから近年の『忠臣蔵その義その愛』（一二年、テレビ東京）の眞島秀和《ましまひでかず》、『決算！　忠臣蔵』（一九年、松竹）の濱田《はまだ》岳《がく》がその好例といえます。

　中村吉右衛門《なかむらきちえもん》が大石を演じた『忠臣蔵　決断の時』（〇三年、テレビ東京）、松平健が大石を演じた『忠臣蔵』（〇四年、テレビ朝日）ではテレビ局も製作会社も異なるのに二年続けて石《いし》丸謙二郎《まるけんじろう》が演じており、そこからも大高源吾に共通するイメージがどういうものかがうかがえます。

⑥寺坂吉右衛門《大石家使用人》

赤穂浪士たちは「四十七士」と言われますが、「四十六士」とする場合もあります。それは、この寺坂吉右衛門《てらさかきちえもん》の存在によるものです。

彼は浅野家の家臣ではありません。大石家に仕える足軽——つまり使用人であるため、他の浪士に比べて身分が低いのです。史実では吉田忠左衛門の家来とされていますが、本書はあくまで映像作品の「忠臣蔵」に関しての本ですので、大半の映像作品の設定である「大石家の足軽」として紹介します。

基本的には内蔵助の身の回りの世話をしたり、移動の際に荷物を運んだりという、「縁の下の力持ち」のポジションです。時には忍者的に諜報の役割をすることもあります。働き者だけれども身分のために浪士たちから下に見られることもあり、悲哀も漂う役柄です。

キャスティングは大きく二つのパターンに分けられます。

一つ目は先にあげた「縁の下の力持ち」キャラクターの場合。長年大石に黙って付き従ってきた設定のため、素朴で実直な感じのするベテランが演じることが多いです。八代目松本幸四郎が大石を演じた『忠臣蔵』（六二年、東宝）の加東大介《かとうだいすけ》、三船敏郎が大石を演じた『大忠臣蔵』（七一年、テレビ朝日）の小林昭二《こばやしあきじ》、宇津井健《うついけん》が大石を演じた『女たちの忠臣蔵』（七九年、ＴＢＳ）の岡本信人《おかもとのぶと》がその好例といえます。

そして、寺坂にはもう一つのパターンがあります。それは、「後日談の主役」という役割です。

寺坂は討ち入りの後で四十七士から離れ、一人だけ生き残ります。そのため、「討ち入りのその後」を描く際の主軸となるのです。その場合、主役級の俳優が配役されることになります。

たとえば北大路欣也が大石を演じた『忠臣蔵』（九六年、フジテレビ）は生き残った寺坂の回想として物語が綴《つづ》られていく展開になっており、寺尾聰《てらおあきら》が寺坂を演じています。あるいは、実は上野介が生き残っていて、寺坂が仕事人と組んで上野介を始末するという展開の『必殺忠臣蔵』（八七年、朝日放送）では近藤正臣《こんどうまさおみ》が演じました。それから、残された家族や討ち入りに参加しなかった者たちを寺坂が訪ねて回る『最後の忠臣蔵』は、テレビ版（〇四年、NHK）では上川隆也《かみかわたかや》、映画版（一〇年、ワーナー・ブラザーズ）では佐藤浩市がそれぞれ演じています。

⑦矢頭右衛門七＆大石主税《美少年》

剣豪、豪傑、二枚目、インテリ、下働きときて、次は美少年です。四十七士は本当にキャラクターの宝庫だとよく分かります。

四十七士には、十代の侍が二人参加していました。それが矢頭右衛門七《やとうえもしち》と大石主税《ちから》です。この二人が美少年キャラクターとしての役割を担います。

右衛門七は、早い段階から自ら志願して殉死の一団に参加していて、作品によってはその純粋な心にうながされるように大石が討ち入りの決意をするという展開になります。

若いからこその輝きと、それが散ってしまう儚《はかな》さが魅力のキャラクターで、女性人気を担うことになる役割です。そのため、キャスティングに際してはアイドルや元アイドルが配役されることが多いです。長谷川一夫が大石を演じた大河ドラマ『赤穂浪士』（六四年、NHK）の舟木一夫《ふなきかずお》、『峠の群像』の野村義男《のむらよしお》、里見『忠臣蔵』の新田純一《にったじゅんいち》、松方弘樹《まつかたひろき》が大石を演じた『大忠臣蔵』（九四年、TBS）の内海光司《うちうみこうじ》、『元禄繚乱』の今井翼《いまいつばさ》などがそうです。特に『元禄繚乱』では今井の相方でもある滝沢秀明《たきざわひであき》が吉良の後継者・義周《よしちか》を演じていて、討ち入り時には両者が戦う場面が用意されており、ジャニーズファンへのサービスになっていました。

一方、大石主税は内蔵助の嫡男であり、絶えず行動をともにします。見せ場としては、「山科《やましな》の別れ」です。祇園《ぎおん》で遊び惚《ほう》けてばかりいる父に憤りを感じていたのですが、その真意を知ると考えを改め、父と共に討ち入りに参加する覚悟を固めます。そして、幼い子供たちを連れて実家に帰る母と離れる。これが今生の別れとなる母子のやりとりが、「泣かせ」

の芝居の見せどころになっています。

期待の若手スター候補生が演じることが多いですが、歌舞伎俳優が大石を演じる際はその息子が主税を演じることが大半だったりします。つまり、若手歌舞伎俳優の映像作品へのお披露目の場という役割も果たしているのです。

⑧片岡源五右衛門《内匠頭側近》

「忠臣蔵」の前半は主に内匠頭をメインにした江戸パートのみで展開されることが多く、赤穂にいる大石はほとんど登場しません。そこで、大石に代わって内匠頭を補佐する役割として登場するのが片岡源五《かたおかげんご》右衛《え》門《もん》。前半の江戸編におけるナンバー2という重要なポジションです。

上野介に嫌がらせをされる内匠頭を脇で支え続け、上野介からの無理難題に対しては陣頭指揮を執って解決していく。内匠頭とともに苦難に向き合い、そのつらさ、苦しさを誰よりも知る男――。それが片岡源五右衛門の役割です。

加えて内匠頭の切腹の際も赤穂藩でただ一人だけその場に居合わせていることもあり、大石を含めた他のどの藩士よりも内匠頭の死に対する憤りや上野介への恨みは強い。それだけに、煮え切らない態度の大石には当初は同調できず、別行動をとることになります。

若さ故の危うさをもつ内匠頭をひたすら脇で支える役割ですから、キャスティングに際しても、いかにも頼りになりそうな百戦錬磨の感がある、そして真っすぐな実直さと剛直さを出せるベテランが配役されることが多いです。三船『大忠臣蔵』の江原真二郎《えはらしんじろう》、里見『忠臣蔵』の竜雷太《りゅうらいた》、仲代達矢が大石を演じた『忠臣蔵』（九一年、フジテレビ）の高橋悦史《たかはしえつし》がその好例といえます。

意外なところでは『峠の群像』の郷《ごう》ひろみがいます。ここでの源五右衛門は内匠頭と同年代という設定になっていて、主従関係であると同時に苦難に手を携えて立ち向かう同志という映り方をしていました。取り潰し後は大石や他の浪士たちとは一線を画し、一人で上野介を狙う「孤独な暗殺者」という設定になっていたのも印象的です。

⑨吉田忠左衛門《大石側近》

赤穂城開城から討ち入りまでの間、長きにわたり大石は京都にいて時節が来るまで動きません。一方、大半の浪士たちは江戸にあって大石の指示を待っています。といっても、多くが血気盛ん。いつ暴発するか分からない状況にあります。そこで、大石に代わって彼らをまとめ、なだめる者が必要になります。

その役割を果たすのが、吉田忠左衛門です。いわば、赤穂浪士の江戸支社長といったところになります。忠左衛門は大石の真意を理解しており、その代弁者として浪士たちを諭す。その重責に足る人物と大石に見込まれているのです。また、浪士たちも忠左衛門の言うことなら大人しく聞きます。つまり、大石からも浪士たちからも信頼されている、そんな大人物だといえるのです。

それだけにキャスティングにおいては、重く、落ち着いていて、頭も切れる——そんなベテラン俳優が配役されます。千恵蔵『忠臣蔵　櫻花の巻　菊花の巻』の大河内傳次郎、平幹二朗《ひらみきじろう》が大石を演じた『大石内蔵助　冬の決戦』（九一年、ＮＨＫ）の岡田英次《おかだえいじ》、仲代『忠臣蔵』の鈴木瑞穂《すずきみずほ》、それから『四十七人の刺客』『元禄繚乱』の二度にわたり演じた山本學《やまもとがく》がその好例といえます。

意外なところでは、『赤穂城断絶』の遠藤太津朗《えんどうたつお》。普段の時代劇では女性を手籠《てご》めにする代官役などの悪役が多いのですが、ここでは堂々と忠左衛門を演じ切り、主人公サイドもちゃんと演じられることを示しています。

B　脱落者

赤穂藩士は四十七士だけではありません。大石たちの企てに最初から参加しなかった者、あるいは参加するつもりでいたものの長い時間を経る中で脱落していった者。そうした脱落者たちのドラマも「忠臣蔵」では描かれることが多々あり、物語を盛り上げてくれます。

ここでは、その中でも前・中・後、それぞれの時期に離れていった代表的な人物たちを一人ずつ紹介していきます。

①大野九郎兵衛

まずは、赤穂城の開城と前後して大石たちの前から姿を消した藩士。これが人数的には最も多いのですが、その代表といえるのが大野《おおの》九郎兵衛です。

彼は赤穂藩で大石に次ぐ家老格にあり、主に勘定方＝経理を司《つかさど》る経済官僚のポジションにあります。そのため、よく言えばリアリスト、悪く言えば自己保身しか考えない人間という設定になっています。大評定の場でも殉死、籠城、討ち入り、全ての案に対して強硬に反対をします。これを悪役らしい嫌みな人間として描くことで、その対極にいる主戦派の主張が「正義」として観客に受け止められやすくなるわけです。

しかも、大評定で殉死と結論付けられると、すぐさま私財をまとめて（作品によっては藩の金を横領することも）逃亡を図ろうとします。その慌てふためく様の卑怯《ひきょう》さやみっともなさによって、大石たちの選択が潔いものとして際立つ。とにかく、四十七士をかっこよく見せるための道化役といいますか、かませ犬のような役割になっているのです。

そのため、キャスティングに際しては二つの条件が必要になります。一つは、大評定で大石と対峙するわけですから、それなりの大物俳優であること。それでいて、俗っぽい感じがあり、嫌みな芝居もできること。三船『大忠臣蔵』の伊藤雄之助《いとうゆうのすけ》、『赤穂城断絶』の藤岡琢《ふじおかたく》也《や》、同じく萬屋錦之介が大石を演じた『赤穂浪士』（七九年、テレビ朝日）の北村和夫《きたむらかずお》、九代目松本幸四郎（現・松本白鸚）が大石を演じた『大忠臣蔵』（八九年、テレビ東京）の藤田まこと、『大石内蔵助　冬の決戦』の佐藤慶《さとうけい》がその好例といえます。

先に述べたように、意外なところでは、ビートたけしが大石を演じた『忠臣蔵』（九〇年、TBS）の緒形拳です。この作品は大野をあえて主役にすることで、討ち入りを否定的に描く内容になっていました。

②高田郡兵衛

赤穂城が開城され、藩が取り潰されると、藩士たちは浪人となり仕事も住居も失います。討ち入りを目指すことになる面々はそれぞれに江戸で暮らすことになるわけですが、そこから決行まで一年半以上あります。しかも、大石はいつ動き出すのか、その段階では分かりません。そのため、生活の困窮や家族の義理などの諸事情により、結束していたはずの同志たちは一人、また一人と抜け落ちていくことになるわけです。その人間模様が物語中盤をドラマチックに盛り上げていきます。

高田郡兵衛《たかたぐんべえ》はその代表といえます。

彼は槍の名手という設定で、堀部安兵衛と並ぶ主戦派の急先鋒としていつも共に行動をしていました。そして、大石や吉田忠左衛門に対して血気盛んに早い段階での討ち入りを何度もけしかけてもいる。大野九郎兵衛を卑怯者となじる役割を担うケースも多い。

そんな郡兵衛もまた、離脱してしまうのです。

最もポピュラーな展開でいいますと、彼には旗本の伯父がいて、その伯父から縁談を持ち掛けられます。それで仕官の道も開ける。ただ、それでは討ち入りができなくなってしまう。そこで郡兵衛は一度はその話を断るのです。

が、それでは済みませんでした。これだけの好条件の話を、生活に困っている郡兵衛がなぜ断るのか。そこで伯父は勘づきます。甥《おい》は世間で噂されている討ち入りを決行するつもりなのではないか——と。

伯父はそのことを問い詰めますが、郡兵衛はもちろん否定します。が、伯父は譲りません。そして最後にこう言い放つのです。「縁談を受けなければ、討ち入りの企みを幕府に訴え出る」。

あるいは、こういうパターンもあります。郡兵衛はある女性と恋仲になり、その女性を妊娠させてしまう。それを知った女性の父から、娘と結婚をしないのなら討ち入りの計画を訴えると脅されるのです。

どちらにせよ、それまでの血気盛んぶりはどこへやら。郡兵衛は悩みに悩み抜きます。そして、脱落を決意する。共に行動してきた安兵衛にそれを打ち明ける際は、思い切りなじられることが多いです。それに対しては、返す言葉もありません。作品によっては安兵衛に斬りかかられそうになる展開もあります。その際は「いっそのこと斬ってくれ！」と懇願。安兵衛は斬れずに去っていく――。

序盤は誰よりも熱く討ち入りを主張していた人間が女性問題で離脱するわけですから、その様はどこか情けなさもあります。ですから、勇ましさと情けなさのギャップがキャスティングの際も重要になるわけです。そのため、安兵衛役のように完璧に強い感じではなく、どこか心の弱さも感じられる俳優が配役されています。

八代目松本幸四郎の東宝版『忠臣蔵』の宝田明《たからだあきら》、大河ドラマ『赤穂浪士』と三船『大忠臣蔵』の田《た》村高廣《むらたかひろ》、『峠の群像』の名《な》高達郎《だかたつろう》（現・達男《たつお》）、九代目幸四郎『大忠臣蔵』の森田《もりた》健《けん》作《さく》、『元禄繚乱』の堤真一《つつみしんいち》がその好例といえます。

③毛利小平太

さまざまな苦難を切り抜け、ようやく討ち入り決行の日取りも決まります。ところが、その直前になって心ならずも離脱する者も何名か出てくるのです。その代表が毛利《もうり》小平太《こへいた》です。彼は討ち入り当日に離脱してしまいます。

主に諜報活動を担っており、吉良邸に潜入するといった命がけの役目も果たしてきました。そんな彼がなぜ脱落したのか。その描かれ方は、作品によって全く異なっています。

たとえば八代目松本幸四郎が大石を演じた『忠臣蔵　花の巻　雪の巻』（五四年、松竹）。ここでは当時若手スターだった鶴田《つるた》浩二《こうじ》が演じています。この時の小平太は肺を病んでしまい、その病状が悪化。ついには大量に喀血するに至り、起き上がることすらままならなくなるのです。それでもなんとか討ち入りに参加しようと這《は》いつくばりながら吉良邸に向かうのですが、最後はそこにたどり着いたところで絶命してしまう――。

それから、山村聰《やまむらそう》が大石を演じた『あゝ忠臣蔵』（六九年、関西テレビ）で天知茂《あまちしげる》の演じた小平太も鮮烈でした。ここでもやはり肺を病んでいるという設定なのですが、そこからの展開は異なります。

討ち入りの集合場所へ向かおうとする時に猛烈に咳《せ》き込んでしまい、そのまま倒れてしまうのです。ようやく起き上がり外に出ようとするも、大量に喀血。それでも臆病者と思われたくない一心で立ち上がりますが、集合の刻限はとうに過ぎていることを知ります。討ち入りの装束に身を整えると再び喀血。そして、貧しい暮らしを支えてくれた妻と刺し違えるように自害して果てるのです。

せっかく長い年月を耐え暮らしてきたにもかかわらず、もう少しのところで本懐を遂げることができなかった——。そんな小平太の悲劇が、鶴田浩二に天知茂、いずれも破滅的な儚さを放つ名優を配したことで際立つことになりました。

④早野勘平（「おかる勘平」）

最後にもう一人、重要な脱落者を紹介します。それが早野《はやの》勘平《かんぺい》。実際には「萱野《かやの》三平《さんぺい》」といい、家族からの圧力と忠義との間で葛藤して自害しています。近年ではこの萱野三平のエピソードが描かれることも少なくないのですが、ここではあえて昔から大きく扱われてきた「早野勘平」に注目してみます。

彼は「おかる勘平」という「仮名手本忠臣蔵」の劇中で大きく扱われるエピソードに登場しています。これはタイトルの通り、「おかる」という女性との悲恋の物語。映画でも東映が一九五六年に中村錦之助（後の萬屋錦之助）と千《ち》原《はら》しのぶの主演で映画化している他、通し狂言の「仮名手本忠臣蔵」映像化作品の中に盛り込まれるなど、かつては人気のエピソードでした。

勘平もおかるも赤穂藩に仕えており、恋仲にありました。そして、ある日、藩邸を抜け出して外で逢引きをします。ところが、その日によりによって主君の浅野内匠頭が刃傷事件を起こしてしまうのです。

殿の一大事に何をやっていたんだ——ということになるわけですが、このような事態は予測できるはずもありませんから、理不尽な言われようではあります。しかし、そのために二人は藩を追い出されてしまうのです。

そして二人はおかるの実家へ引き下がり、勘平は婿入りして山で猟師をして暮らすことになります。そんな折に、赤穂藩が取り潰しになり、さらに大石が討ち入りするかもしれないと知るわけです。

仇討に加わりたいと懇願する勘平ですが、そのための資金がありません。そこで義父の与《よ》市兵衛《いちべえ》は勘平に内緒で娘のおかるを祇園に売ってしまうのです。愛する夫のため、おかるもそれを受け入れます。そして五十両を手に入れた与市兵衛でしたが、その帰りの山中で山賊に襲われ、五十両もろとも命も奪われてしまいます。その山賊こそ、かつての家老・大野九郎兵衛の息子・定九郎《さだくろう》の落ちぶれた姿でした。

一方の勘平はというと、同じ山中で何も知らずに狩りをしています。そして、猪が動いたと思い射殺すると、それは人間。実は定九郎なのですが、闇夜の山中なので勘平には顔が見えません。定九郎の懐にある五十両を目にした勘平はそれを奪い、浪士たちのもとに走ります。が、与市兵衛が帰ってこず、また奪った財布が与市兵衛のものだと気づいた勘平は、自分が撃った相手を与市兵衛だと思い込みます。

そして、進退が窮まった勘平は切腹して果ててしまうのです。

その後、勘平は血判状に名前を載せてもらえたり、祇園でおかるは大石と出会い、身の上を知った大石が生活の面倒をみるという展開になっていきますが、それでも救いはありません。刃傷事件に端を発する悲劇の一つとして、描かれています。

誤解をした挙句に悩み苦しみ、やがて死を選ぶ——という展開なだけに、勘平役はナイーブな感じのする二枚目が演じることが多い一方、おかるは運命を強く受け止める設定のため、たくましさを感じさせる女優が配役されることが多いです。二代目市川《いちかわ》猿之助《えんのすけ》が大石を演じた映画『大忠臣蔵』（五七年、松竹）の高田浩吉《たかだこうきち》－高千穂《たかちほ》ひづる、『あゝ忠臣蔵』の里見浩太朗－美空《みそら》ひばり、三船『大忠臣蔵』の石坂浩二（この時は「萱野三平」）－山本陽子《やまもとようこ》がその好例といえるでしょう。

C　スターのための脇役

第一章で述べたように、「忠臣蔵」はそれを作る各社の威信を懸けたプロジェクトであり、オールスターが配役されます。ただ、それでよく誤解されるのが「四十七人もスターを揃えないといけないから大変だ」ということです。四十七士の全員をスターでやらないといけない――と思われがちなんですよね。

でも、そうではありません。本章のAパートをお読みいただくとお分かりだと思いますが、四十七士でスターが演じるのは大石と堀部安兵衛、そのあとは――作品によってその面々は変わりますが――多くて数人程度です。それ以外の面々はネームバリューに関係なく役に合った俳優が配役されるのです。

といいますのも、まず浪士たちは内蔵助の部下――つまり格下ということになります。となると、俳優も内蔵助を演じる俳優よりも格下しかやれないのです。それではオールスター感が出ません。

それから、四十七士は出番が多い。そのため、演じる俳優の拘束時間は長くなる。その分のギャラを出さないといけませんし、スケジュールも押さえる必要があります。そうなると、スターは使いにくい。それでいて、多くの浪士たちは実は見せ場が少ない。そのため、せっかくスターを出しても活かしきれないのです。

そういった事情から、浪士たちにはさほどスターは配されませんでした。

では、どこで他のスターたちは出るのか。それは、赤穂事件に外側から関わる脇役です。ここに大石や内匠頭よりも格上の役を作り、短い出演ながらも芝居を堪能できる見せ場を設定する。これなら大石や内匠頭を演じるスターと格上や同格のスターを出すこともできますし、短い拘束時間でも十分にその存在を活かすことができます。こうした役を多く出すことで、忠臣蔵は「オールスター」たりえてきたのです。

その見せ場においては大石を差し置いて、その脇役が主役の扱いになります。そのため、「脇役」とはいえ演じるスターの格が下がることもありませんし、それどころかトップスターが演じる大石よりも目立つことができるので大物感が強まる。大石は大石で、そこをあえて譲るということで大物感が出ますし、最終的には大石が全てを持っていくので途中の見せ場を譲ったところで傷はつきません。そして、観客からすると大物俳優同士のぶつかり合いの芝居を存分に堪能できる。

作り手にとってもスターたちにとっても観客にとっても、誰もがウィン－ウィンな役割なのです。これこそ、忠臣蔵の魅力の根幹といえるでしょう。

それでは、どのような役があるのか紹介していきます。

①立花左近・垣見五郎兵衛

まずは、なんといってもこのキャラクターです。詳細は第一章で述べた通りなのですが、そもそも二大スター同士が自然な形で顔合わせできるために創作された役柄なので、「スターが演じる脇役」の代名詞的な存在といえます。戦後は立花左近よりも垣見五郎兵衛という役名の方が主流です。

大石の「東下り」で対面する1シーンだけなのですが、ここで大物スター同士が二人きりで向き合い、火花を散らすことで豪華さが演出される場面になっています。それでは、具体的にはどのような組み合わせがあったのか、七〇年代以降の「忠臣蔵」を例に挙げてみます。

作品名	大石内蔵助	立花左近（垣見五郎兵衛）
大忠臣蔵（七一年、テレビ朝日）	三船敏郎	八代目松本幸四郎★
忠臣蔵（八五年、日本テレビ）	里見浩太朗	西田《にしだ》敏行《としゆき》
大忠臣蔵（八九年、テレビ東京）	九代目松本幸四郎	片岡孝夫《かたおかたかお》（現・仁左衛門《にざえもん》）★
忠臣蔵（九一年、フジテレビ）	仲代達矢	中村梅之助《なかむらうめのすけ》

大忠臣蔵（九四年、ＴＢＳ）	松方弘樹	里見浩太朗★
忠臣蔵（九六年、フジテレビ）	北大路欣也	藤田まこと
赤穂浪士（九九年、テレビ東京）	松方弘樹	津川雅彦《つがわまさひこ》★
忠臣蔵（〇四年、テレビ朝日）	松平健	江守徹《えもりとおる》★
忠臣蔵（一〇年、テレビ朝日）	田村正和《たむらまさかず》	北大路欣也★

こうした名前の並びを見ると、ただ大物スターなだけでなく、大石役の経験がある俳優が立花・垣見を演じていることが分かります（★印は大石役を演じたことのあるスター）。つまり、大石役者同士の顔合わせの場面でもあるのです。

②脇坂淡路守

続いて紹介するのは、脇坂淡路守《あわじのかみ》です。この人物は前半に大きな見せ場があります。

彼は赤穂藩の隣、同じ播州は龍野藩の藩主です。隣同士ということもあり、江戸では浅野内匠頭と朋友《ほうゆう》のような間柄として描かれます。上野介からの嫌がらせによって苦しみ、怒りを積み重ねていく内匠頭に対して「軽挙妄動はしないように」と友として諭すのが、この脇坂です。

最初の大きな見せ場は松の廊下です。内匠頭が上野介に斬りつけ、城内は大騒ぎになる。それを聞きつけて「しまった！」と思った脇坂がその現場に駆けつけていきます。すると、そこに傷を負い手当てのために運ばれる上野介がすれ違う。その時、脇坂とぶつかるわけです。すると上野介の血が脇坂の羽織の家紋についてしまう。そこで脇坂は「我が家の紋所を不浄の血で汚すとは！」といって扇子で吉良の頭をはたくのです。

この場面は内匠頭が果たせなかった無念に、友がせめてもの一矢を報いる――というニュアンスになっています。

そして、見せ場はもう一つあります。赤穂城が開城され、幕府がそれを接収することになるのですが、その軍勢を率いるのが脇坂という設定になっているのです。

ひょっとしたら大石たち赤穂藩士は籠城して抗戦するかもしれない。そうした緊張感の中で臨むのですが、いざ入城してみると既に大石は武具や家財道具、全て一式をいつでも運び出せるよう完璧に準備している。それを見て脇坂は大石に感服するわけです。その言葉を受け、大石は頭を下げる。脇坂は大石の見事な差配を称賛すると同時に、急な状況下でこれだけのことをやってのけた大石が粛々と開城するということは――と吉良打倒の想いを受け止めるわけです。

作品によっては、ここで互いに内匠頭の思い出を語り合うという泣かせる場面になることもあります。

この脇坂の大きな特徴は、内匠頭、吉良、大石の三者と絡みがあることです。そのため、これを大スターが演じることで三つの豪華顔合わせの場面が作れます。しかも、それぞれの場面でその三者全てより格上のスタンスになっています。ですから、かなりの大スターが演じることができるのです。

脇坂役で代表的なスターは中村錦之助（萬屋錦之介）で、片岡千恵蔵が大石を演じた『赤穂浪士』（六一年、東映）、三船『大忠臣蔵』、松方『大忠臣蔵』の三回も演じています。その錦之介が大石を演じた『赤穂浪士』では天知茂。仲代達矢『忠臣蔵』では北大路欣也が演じ、その北大路欣也が大石を演じた『忠臣蔵』では渡辺謙が演じています。

この役も、大石を演じられるクラスの大スターが演じているわけです。

③多門伝八郎

物語前半の浅野内匠頭パートの最後で重要な役割を果たすのが、多門伝八郎《おかどでんぱちろう》です。彼は幕府の目付役という、大名や旗本の事件の処理に当たる奉行的な役職にあります。そのため、松の廊下の刃傷事件の対応も任されることになるのです。

彼は内匠頭に同情していて、内匠頭を尋問する際も優しく接します。正気を失ったことにすれば赤穂浅野家は存続できる――と助言もするのです。これを内匠頭は「遺恨があってのことだ」と突っぱねてしまうわけですが。

そして、綱吉や柳沢吉保によって内匠頭は即日切腹の裁定が下ります。一方の上野介はお咎《とが》めなしどころか刀を抜かなかったことを褒められてもいます。この裁定に対して、多門は上野介の尋問もするべきだし、なぜこのような事態が起きたのかをちゃんと捜査した上で裁定を下すべきだと老中たちに抗議をするのです。しかし、最高権力者の意向には老中たちも忖度《そんたく》するしかなく、裁定は覆りませんでした。

短い時間ではありますが、この間は多門が実質的に主人公的なポジションで動くことになります。一連の多門の言動により、いかに幕府が腐敗していて、内匠頭に対する裁定がいかに理不尽なものであるのかが観客に具体的に伝わるようになっているのです。これがあるから、後の大石の怒り、そして討ち入り決行の決意に説得力がもたらせることになる。これも、スターが演じるにふさわしい役といえます。

多門の見せ場は、もう一つあります。

内匠頭は田村右京大夫《たむらうきょうだゆう》邸で切腹することになり、多門はその差配を任されます。その際、内匠頭の側近の片岡源五右衛門が「殿に一目会わせてほしい」とやって来ます。その日のうちに切腹という展開なわけですから赤穂藩士たちは刃傷事件以後に内匠頭と会うことができていないんですよね。誰も別れの言葉すらかけられない。といって、内匠頭は罪人ですから、源五右衛門と会わせるわけにはいきません。他の立会人の目もある。

そこで、多門はあることを考えます。白装束を着た内匠頭が多門に連れられて刑場に向かって廊下を歩きます。すると、庭先に桜が咲いている。多門は内匠頭に「見事な桜が咲いております」と伝えると、内匠頭は桜の方を見ます。すると、その木の下に源五右衛門が控えているのです。互いに声を出すことはなく、目と目で別れを伝える――。多門の粋なはからいあってこその、泣ける場面となりました。

こうした役なだけに、スターとはいってもヒロイックさだけでなく、検事的な切れ味と温かみを兼ね備えたある俳優が配役されます。『赤穂城断絶』の松方弘樹、九代目松本幸四郎『大忠臣蔵』の中村勘三郎、里見浩太朗『忠臣蔵』の竹脇無我《たけわきむが》、松方弘樹『大忠臣蔵』の津川雅彦、中村吉右衛門『忠臣蔵　決断の時』の中村梅雀がその好例といえます。作品によっては「仙石伯耆守《せんごくほうきのかみ》」という場合もあり、『あゝ忠臣蔵』では高田浩吉、『元禄繚乱』では滝田《たきた》栄《さかえ》が演じました。

④天野屋利兵衛

今度は商人になります。天野屋利兵衛《あまのやりへえ》という、大坂の大商人です。赤穂藩とは大きな取引を続けていて、そのため大石とも付き合いが深いという設定になっています。

彼の見せ場は物語の後半です。討ち入りに必要な武具をいかに揃え、そして江戸に運び入れるのか。それが重要な問題になります。これを担うのが天野屋です。彼は廻船問屋《かいせん》なので、さまざまな品物を船で運ぶことができるのです。

それで武具一式を江戸に運び入れることに成功するのですが、そのことが大坂の奉行所に露見してしまいます。そして捕まり、尋問を受ける。大石たちに売ったのではないか——と。

しかし、彼は口を割りません。それどころか、こう言い放つのです。

「天野屋利兵衛は男でござる！」

はっきり言うと、この一言の決めゼリフを言うために天野屋役の俳優は出演しているといっても過言ではありません。

それだけに、貫禄があるけれど庶民的な感じ、あるいは気風《きっぷ》の良さや粋な感じの出せるスターが演じることになります。仲代達矢『忠臣蔵』の北島三郎《きたじまさぶろう》、北大路欣也『忠臣蔵』の丹《たん》波哲郎《ばてつろう》、松平健『忠臣蔵』の藤田まことがその好例といえます。

⑤土屋主税

討ち入りの段階でも、重要なキャラクターがいます。それが土屋《つちや》主税《ちから》。旗本です。

彼は吉良邸の隣に住んでいるのです。つまり、吉良邸に変事があった際は真っ先に気づく立場にある。そのため、四十七士は討ち入りの際にまず土屋家に挨拶に向かいます。たいていは、小野寺十内《おのでらじゅうない》というベテランの浪士が使いとして来訪し、吉良にも赤穂にも助太刀することはしないで、そのまま無視してほしいと頼む。

それを聞いた土屋は嬉々《きき》とするわけです。彼もまたいつかこの日が来るはずと心待ちにしていたのです。そして、邸内の提灯を吉良邸との境界に配置し、吉良邸の庭を明るく照らす。それによって四十七士が戦いやすくしています。

さらに、作品によっては自ら槍をもって構え、塀を越えて逃げてきた吉良の家臣がいたら追い返そうともしています。

土屋主税は大石、内匠頭、吉良、堀部安兵衛といったスターが演じる主な役柄の全てと顔を合わせないという、稀有《けう》な役柄です。演じる俳優が一人いればいい。そのため、スケジュール調整がしやすく、大物スターをキャスティングすることができます。

そして粋で洒脱《しゃだつ》な感じ、あるいは豪傑の雰囲気、両極端なスターが配役されてきました。洒脱系ですと、八代目松本幸四郎の東宝版『忠臣蔵』の池部良《いけべりょう》、萬屋錦之介『赤穂浪士』の松方弘樹、仲代達矢『忠臣蔵』の古谷一行《ふるやいっこう》、北大路欣也『忠臣蔵』の中村梅之助。豪傑系ですと、『あゝ忠臣蔵』の大友柳太朗、『赤穂城断絶』の三船敏郎、里見『忠臣蔵』の伊吹吾郎《いぶきごろう》、松方弘樹『大忠臣蔵』の渡瀬恒彦《わたせつねひこ》、松平健『忠臣蔵』の北大路欣也、田村正和『忠臣蔵』の松平健が好例といえます。

これも、やはり歴代の大石役者たちが多く演じています。

⑥俵星玄蕃

ここまで紹介した面々は、実在の人物やモデルのいる人物に脚色を加えて創作された役柄たちです。が、この俵星玄蕃《たわらぼしげんば》は架空の人物です。

浪人で槍の名手という設定の豪傑キャラクター。彼はある日、屋台で蕎麦屋をしている男と交友関係になります。実はその蕎麦屋が杉野十平次《すぎのじゅうへいじ》という赤穂浪士。彼は決してその素性を明かそうとはしません。しかし、玄蕃はそれに気づく。そして、蕎麦屋になってまで、主君の仇を討つ機会をうかがっているのだと感じ入るのです。

一方、彼の槍の腕を見込んだ吉良家が仕官をもちかけてきます。玄蕃は貧しい暮らしをしていますので、その話は喉から手が出るはずの申し出です。が、それではいずれ討ち入りになった時に杉野とも戦わないとならなくなる。そのため、これを断るのです。それどころか、杉野にはそれとなく槍の極意も伝えているのです。

そして十二月十四日の夜、玄蕃が一人で飲んでいると遠くから太鼓の音が聞こえてくる。

それが、大石が叩く山鹿《やまが》流陣太鼓でした。音を聞いた玄蕃は雪の中を槍を手に吉良邸に駆けます。大石に助太刀を申し出る。それを断られると、今度は吉良邸に援軍が来ないよう、両《りょう》国《ごく》橋に一人陣取り、迎え撃とうとするのです。

こういったキャラクターのため、もちろん豪傑系のスターが配役。八代目松本幸四郎の東宝版『忠臣蔵』の三船敏郎、三船敏郎『大忠臣蔵』の勝新太郎が好例といえます。

ただ、このキャラクターの魅力が最も伝わるのは映像作品ではなく、三波春夫《みなみはるお》の歌う演歌『俵星玄蕃』です。これが圧巻。元は浪曲師でもある三波自身が作詞した八分の大作で、討ち入り当日の玄蕃の動きが見事な名調子によってありありと浮かび上がってきます。日本のソウルミュージックとでもいうべき、魂に訴えかけてくる一曲ですので、演歌が苦手な方も新鮮な刺激とともに受け止められるはずです。

D　吉良方のスターたち

それから忘れてはならないのは、吉良方の人物たちです。吉良サイドにいるのは吉良上野介だけではありません。大石たちのターゲットである上野介自身は決して強くもない老人です。相手がそれだけなら、「とっとと討ち果たせばいいじゃないか」となり、観ている側は全く盛り上がりません。そこで、吉良方には大石たちにとっての強敵たりうる人物たちが配されることになります。

そうなると、演じるのも生半可な俳優であってはなりません。そのため、実はここにもスターたちがキャスティングされることになるのです。

①千坂兵部・色部又四郎

吉良家は「高家《こうけ》」といって儀礼を担う家なので、軍事力はほぼありません。そのため、上杉家を頼りにします。米沢十五万石の大名で、謙信《けんしん》・景勝《かげかつ》以来の武門の家柄です。といいますのも、上杉家の当主・綱憲《つなのり》は実は吉良上野介の実子で、上杉に婿養子に入っているのです。しかも、綱憲の息子・義周は吉良家の跡取りでもある。つまり、双方は一心同体ともいえる間柄なのです。そこで上野介は上杉家を頼りにし、上杉が大石たちに対する矢面に立つことになります。

その司令塔となるのが上杉家の家老です。かつての作品は千坂兵部《ちさかひょうぶ》、近年は色部又四郎《いろべまたしろう》が主で、その役割を担っています。彼らもまた、大石に負けないだけの頭脳、判断力、統率力の持ちさまざまな手立てをもって大石の動静を探り、時にはその妨害をし、互角の頭脳戦を展開していくことになるのです。この千坂・色部が立ちはだかっているからこそ、大石はすぐに決行とはいかず、時間をかけてさまざまな手立てを画策しながら討ち入りの準備を進めていかなければならなくなるわけです。

千坂・色部には、大石に討ち入りをさせたくない理由が「吉良を守る」ことの他にもう一つありました。それは、「上杉家を守る」ため。もし討ち入りが決行されれば、父親を助けるために藩主・綱憲は自ら指揮して援軍を出す恐れが出てくる。そうなると、江戸市中で騒乱を起こした罪で上杉家も取り潰される可能性があるのです。そうさせないために、大石の計画は阻まなければならないのです。

そのため、千坂・色部には大きな芝居の見せ場が用意されています。それは、討ち入りの最中。吉良邸の襲撃を知った綱憲はやはり自ら兵を率いて救援に向かおうとします。それを、身を挺《てい》して止めるのが千坂・色部でした。藩を守るため、父親を見殺しにしてほしい。内匠頭の二の舞となって藩士たちを路頭に迷わせてはならない。その決死の説得は、俳優にとって演じ甲斐《がい》のある芝居場になっているのです。

大石は基本的に圧倒的なトップスターが演じるわけですから、それと対峙することになるこの役割も、大石に伍《ご》するだけの重みがある俳優たちが配役されることになります。

たとえば片岡千恵蔵『忠臣蔵』の山村聰、片岡千恵蔵『赤穂浪士』の市川右太衛門《いちかわうたえもん》、三船敏郎『大忠臣蔵』、里見浩太朗『忠臣蔵』の丹波哲郎、松方弘樹『赤穂浪士』（九九年、テレビ東京）の里見浩太朗、『元禄繚乱』の松平健――。

いずれも、その前か後に大石を演じた経験のある大物たちです。大石と入れ替わることができるだけのスターが演じるからこそ、大石も敵《かな》わないのではと観客に思わせることができ、物語が盛り上がることになるのです。

「忠臣蔵」において、大石、浅野、吉良と並ぶ最重要人物とすらいえます。

②小林平八郎

千坂・色部は家老の重責がありますから、藩政の全体を管理しなければなりません。赤穂問題だけに関わっているわけにはいかないのです。そのため上杉藩邸から離れることもできません。

そうなると、吉良邸にあって最前線の指揮を執る人間が必要になります。その役割を千坂・色部から任されるのが小林平八郎《こばやしへいはちろう》です。上杉家を離れて吉良邸に入る展開が多いですが、作品によっては最初から吉良家の家臣である場合もあります。

千坂・色部は大スターが演じるので、あまり卑怯だったり、えげつない手段は使えません。小林はその代わりにダーティワークを担う役割でもあります。赤穂浪士たちを籠絡して脱落者を出そうとしたり、刺客を放って大石を抹殺しようとしたり。また、自身も剣豪であり、赤穂浪士たちと決闘することもあります。

最終的には討ち入りの際にも吉良家の侍たちとともに四十七士を迎え撃ちます。先ほども述べましたように、吉良家の侍は決して強くはない。しかも、計算されつくされた奇襲です。そうなると、観客からすると「四十七士が勝って当然」となってしまい、最大のクライマックスである討ち入りが盛り上がりません。そこで、この小林が陣頭指揮をして、自身も剣をとって浪士たちに立ち向かう。それによって吉良方が強敵として映り、その闘いが盛り上がるのです。

そのためキャスティングにおいても、切れ者で、強そうで、ダーティワークも平然とこなせそうな悪の感じもある、そんな俳優が配役されることになります。ですので、演じるのは必ずしもスターだけではありません。

たとえば大河ドラマ『赤穂浪士』と三船敏郎『大忠臣蔵』の芦田伸介《あしだしんすけ》、後で詳述しますがスピンオフ作品『編笠十兵衛』（七四年、フジテレビ）の露口茂《つゆぐちしげる》、『赤穂城断絶』の渡瀬恒彦、『峠の群像』の寺田農《てらだみのり》（この時は最初から吉良家の家臣で上野介の軍師的ポジション）、九代目松本幸四郎『大忠臣蔵』の宅麻伸《たくましん》、『元禄繚乱』の誠直也《まことなおや》がその好例といえます。

③清水一学（一角）

吉良家に強敵たる人物がいないかというと、そうではありません。討ち入った四十七士には、とんでもない強敵が待ち受けているのです。それが、清水一学《しみずいちがく》――作品によっては一角《いっかく》ともいいます――吉良家随一の剣豪です。しかも二刀流の使い手。

作品によっては同じく剣豪の堀部安兵衛と剣友だったり朋友だったりする設定になっていて、その両雄が討ち入りの際に剣を交える――という展開が大いに盛り上がります。

この清水一学の見せ場はなんと言っても討ち入りです。その二刀流をもって全く敵を寄せつけません。

特に有名なのは、吉良邸の庭先にある池に太鼓橋がかかっているのですが、その橋の真ん中に刀を二本構えて仁王立ち。斬りかかる浪士たちを返り討ちにしていくのです。この場面では完全に主役のポジションにありますので、戦前の「忠臣蔵」では阪東妻三郎や月形龍之介《つきがたりゅうのすけ》といったトップクラスの時代劇スターが演じてもいます。

キャスティングに際しては、やはりいかにも「剣豪」という強さを出せる俳優が配役されることになります。特に片岡千恵蔵『赤穂浪士』では、剣豪俳優として名高い近衛十四郎《このえじゅうしろう》が演じており、討ち入りは失敗するのではないか――と思わせるものがありました。

また、三船敏郎『大忠臣蔵』の天知茂も素晴らしい。堀部安兵衛と朋友という設定からの討ち入り時の決闘という展開になるのですが、安兵衛を渡哲也が演じているためどちらもかなり強そうで、ドラマとしてもスター同士の顔合わせとしても、大いに盛り上がりました。

他にも、北大路欣也『忠臣蔵』の隆大介《りゅうだいすけ》、松方弘樹『赤穂浪士』の舟木一夫、松平健『忠臣蔵』の松重豊《まつしげゆたか》もその好例といえます。

④柳沢吉保

柳沢吉保。将軍・綱吉の寵愛を受けて「側用人」という幕府でも最高クラスの役職にある権力者です。彼と吉良上野介が昵懇《じっこん》の間柄であるために、「片手落ち」と呼ばれる理不尽な裁定がなされることになる。上野介と並ぶ「悪の元凶」の一人ともいえる設定になっています。

幕府を代表する立場として大石たちの「反逆」ともいえる行為を防ぐ必要があり、そのために上杉家の千坂・色部とともに大石の前に立ちはだかることになります。つまり前半は内匠頭の、後半は大石の、それぞれ黒幕的な強敵となるわけです。この男の存在が強大で憎々しいほど、「忠臣蔵」のドラマは盛り上がることになります。

特に戦後、仇討よりも「幕府への異議申し立て」を討ち入りの動機とする作品が増えると、上野介以上にその申し立てられる先である柳沢も大石のターゲットに含まれるというケースも見られるようになります。近年では上野介以上に柳沢を悪として描くケースも少なくありません。

そのため、後ろから人間を操り、意のままに動かそうとする「巨悪」という役割となり、キャスティングに際しては重みのある俳優が配役されることになります。また、その才覚によって一代で成り上がった人物でもあるので、怜悧さも欠かせません。

主役に据えられた『元禄太平記』の石坂浩二（石坂はその後『四十七人の刺客』『腕におぼえあり』と計三度の柳沢役を演じている）や、準主役である『元禄繚乱』の村上弘明《むらかみひろあき》はその最たるところでしょう。他にも、三船敏郎『大忠臣蔵』の神山繁《こうやましげる》、『赤穂城断絶』の丹波哲郎、萬屋錦之介『赤穂浪士』の成田《なりた》三樹夫《みきお》、九代目松本幸四郎『大忠臣蔵』の仲谷昇《なかやのぼる》はその好例といえます。

E　女性たち

「忠臣蔵」は武家社会を舞台にした物語であるため、男性の登場人物を中心に描かれていくことになります。それでも、オールスター作品として華やかに飾るためには、女優の存在も欠かせません。そのため、女性スターたちが演じるにふさわしい役柄も用意されています。

こうした役柄は男性キャストの場合と同じく、「この役を演じる女優はこういうポジション」という番付を示すものだったりもします。そしてもちろん、それぞれに見せ場も設定されています。

この章の最後に、そうした女性たちの中から主だったキャラクターをご紹介します。

①大石りく

大石内蔵助の正妻です。基本的には夫の身の回りの世話をし、主税をはじめ子供たちを育てる典型的な「武家の妻女」といった人物として描かれます。

この役柄には重要なポイントがあります。それは、夫が決して本心を見せない人物であること。何度も述べてきた通り、内蔵助は自身の本心をなかなか表に出しません。それは自宅にいても同じです。どこにスパイが潜んでいるか分かりませんから。妻の立場としては、そんな夫にただついていくしかない。現代とは異なる時代ですから、主体的に選択することはできません。

そうなると、描かれた方は二通りになります。生活、そして人生そのものが一変する状況下なのに、何を考えているか分からない夫に対してやきもきしつつ、その心情を抑えながら付き従うパターン。それから、何も言わずとも夫の本心を理解し、その上で表向きは何も知らないように振る舞うパターン。どちらにせよ、夫の内蔵助と同じく心情をぐっと抑える芝居が求められます。

それが、りく最大の見せ場となる「山科の別れ」で活きてきます。遊興三昧《ざんまい》を続ける内蔵助に対して、りくが離縁をして主税を除く子供たちを連れて実家に帰るというくだり。内蔵助からすると、これから討ち入りという大罪を犯すわけですから、りくやその実家に累が及ばないようにするための配慮なのですが、ここでもその本心は告げられません。

りくが前者の場合は、芸者を身請けするとまで言い出してきた夫に嫌気がさして出ていく——という展開になります。この場合、それでもなお本心を伝えることのできない内蔵助の悲劇が際立つ構成になります。作品によっては、りくが途中で内蔵助の本心に気づく場合もあります。りくが後者の場合、内蔵助から離縁を言い渡された際に内蔵助の本心に気づきます。そして、何も言わずにこれを受け入れるのです。

ここでは、主税との母子の別れの芝居という泣かせる場面も用意されています。

配役においては、内蔵助はベテランのトップスターが演じるわけですから、その横にいて当たり負けしない、同じくトップどころのベテランのスターがキャスティングされます。八代目幸四郎『忠臣蔵（東宝版）』の原節子、『四十七人の刺客』の浅丘ルリ子、松方『大忠臣蔵』の十朱幸代、北大路『忠臣蔵』の梶芽衣子、『元禄繚乱』の大竹しのぶはその好例といえます。

また、内蔵助役と同様、一人のスターが何度も演じるケースがあるのも特徴で、たとえば八代目幸四郎『忠臣蔵（松竹版）』と大河『赤穂浪士』の山田五十鈴、『元禄太平記』『赤穂城断絶』の岡田茉莉子、九代目幸四郎『大忠臣蔵』と『その男、大石内蔵助』の岩下志麻は二度演じており、木暮実千代は『赤穂城』『続・赤穂城』『忠臣蔵 櫻花の巻 菊花の巻』『あゝ忠臣蔵』で四度も演じています。

②阿久里（瑤泉院）

次は浅野内匠頭の正妻です。基本的には内匠頭が存命中の前半に多く出番があり、「仲むつまじい夫婦」という関係性で描かれます。といいましても、内匠頭はあまり妻を心配させようとしませんし、相談は全て片岡源五右衛門ら近臣にもちかけます。そのため、阿久里は夫が精神的に追いつめられていくのを黙って見ているしかありません。

そして、夫の切腹後は出家して「瑤泉院」を名乗ることになります。ここでも大石が夫の仇討をするのを心待ちにしつつ、たまの報告を受けるくらいしかできません。

大きな見せ場は終盤の「南部坂雪の別れ」です。詳細は前に述べた通りですが、ここで初めて瑤泉院は心情を爆発させます。討ち入りをする気が全くないことを大石に告げられて激高、なじるのです。愛する夫を理不尽にも失った上に、これまで信じてきた大石にも裏切られてしまった。その悔しさと嘆き。そして、去った後で大石の真意を知った際の取り返しのつかないことをしてしまったという後悔。これまで大きな見せ場のなかった瑤泉院にとって、最後にして最高の芝居場となっています。

配役に際しては、内匠頭を若手の二枚目スターが演じることが多いため、阿久里もそれに合わせて大石りくに比べると年齢の若い人気スター、特にお姫さま然とした上品さのある女優が演じることになります。『元禄太平記』と萬屋錦之介『赤穂浪士』と九代目幸四郎『大忠臣蔵』で三度演じた松坂慶子をはじめ、長谷川一夫『忠臣蔵』の山本富士子、八代目幸四郎『忠臣蔵〈東宝版〉』の司葉子、三船敏郎『大忠臣蔵』の佐久間良子、『元禄繚乱』の宮沢りえ、『忠臣蔵　決断の時』（二〇〇三年、テレビ東京）の牧瀬里穂がその好例といえます。

③浮橋太夫

祇園一力茶屋のくだりで内蔵助の「遊び」相手として登場する芸者です。作品によっては「浮雲」「夕霧」という名称の場合もあります。

祇園でもトップクラスの芸者とあって、周囲に蔑《さげす》まれながら遊び惚《ほう》ける内蔵助に対して全く感情を動かすことなく、最高に楽しんでもらおうとするプロフェッショナルぶりを見せます。余計な詮索《せんさく》をすることなく、内蔵助の思うまま、その「遊び」に付き合うのです。

血気にはやる江戸の浪士たちが内蔵助をけしかけたり、内蔵助の遊興ぶりを他の侍が嘲《あざけ》ることがあっても決して動じません。とにかく、客である内蔵助がこの場で楽しめるよう、そういう場合でも場が盛り上がるよう巧みにカバーするのです。そうした余裕とプロ根性をさりげなく見せるのが芝居場という、実は難しい役どころだったりもします。

そのため、配役に際しては人気芸者らしい妖艶さと華やかさ、そして何事にも動じない貫禄とを併せ持った女優がキャスティングされます。八代目幸四郎『忠臣蔵（東宝版）』の新珠三千代、三船敏郎『大忠臣蔵』の池内淳子、『赤穂城断絶』の江波杏子、萬屋錦之介『赤穂浪士』の小川真由美、『峠の群像』の小林麻美がその好例といえます。また、「内蔵助役者と並んで当たり負けしない女優」が求められるという点では大石りくと重なる点もあるため、淡島千景、木暮実千代、黒木瞳――と、その前後でりく役を演じた女優が配されるケースがあるのも特徴といえます。

④おつや

先述した通り、絵図面をめぐり岡野金右衛門とのラブストーリーのヒロインを担当する役柄です。作品によっては「お鈴」「しの」という名前になっていることもあります。好きな相手のために、その目的も知らずに絵図面を盗み出す——という恋に一途な設定です。そのため、配役に際しては清純なイメージのある若手スターやアイドルがキャスティングされます。長谷川一夫『忠臣蔵』の若尾文子、八代目幸四郎『忠臣蔵（東宝版）』の星由里子、『女たちの忠臣蔵』の竹下景子、仲代達矢『忠臣蔵』の南野陽子、『忠臣蔵 瑤泉院の陰謀』（二〇〇七年、テレビ東京）の小倉優子がその好例といえます。

——と、ここに挙げただけで約三十名がいるわけです。これに、作品ごとに登場するオリジナルのキャラクターも加わるので、「忠臣蔵」がいかにオールスター作品に向いているか、また群像劇として優れているかがよく分かると思います。

こうしたキャラクターたちの組み合わせはさまざまにあり、さらにそこに新解釈が入ることもあります。その結果、「忠臣蔵」には千変万化のバリエーションが存在することになるのです。

第四章　オールスター忠臣蔵の系譜

ここでは、オールスター『忠臣蔵』の系譜を作品ごとに追っていきます。

先に、《忠臣蔵は世につれ》という章では、「忠臣蔵」の解釈の系譜を追いましたが、それらの作品は「変化球」。それとは別に、「直球」といいますか、「王道」の「忠臣蔵」というものがあるわけです。

つまり、会社の威信を懸けてオールスターを揃えて作られた豪華絢爛《けんらん》な「忠臣蔵」。その物語は「新解釈」ではなく、第一章で述べたような、「見せ場」中心に構成されたオーソドックスなものになります。

ところがその内容、実は作品ごとに微妙に異なっていたりもするわけです。焦点が当てられるキャラクターやエピソード、刃傷事件までの経緯、大石や内匠頭の人物像——作品ごとにそれぞれ特徴があります。だからこそ、同じ物語なのに飽きずに楽しむことができる。

そこでこの章では、個々の作品がどのような背景で作られ、どのような内容になっているのか——。詳しく紹介していきながら、その違いを検証していきます。

A　戦前編

まずは戦前の「忠臣蔵」の話をします。戦前の「忠臣蔵」といいますと先に述べましたように、ある種の政治利用をされてきた側面があります。主君のために、我が命を捧《ささ》げて戦う。その精神を尊ぶことによって、対外戦争に向けた国民意識を統一し、高揚させようというものです。

ですので、映画も基本的には「赤穂浪士」ではなく「赤穂義士」として描かれることになります。「義」のために命を捨てて戦った英雄たちの物語であるということです。

ただ、戦前の映画を検証する上で最大の問題はフィルムの多くが消失していることです。そのため、「忠臣蔵」も数多く作られているにもかかわらず「作品」として検証に足る状態で保存されていて、しかも誰でも比較的容易に観ることができる作品は三本しかありません。

そこでここではその三本を紹介させていただきます。

①最古の『忠臣蔵』（一九一〇年、横田商会、牧野省三監督）

映画として作られた、最も古い『忠臣蔵』のフィルムは完全に近い形で残っています。これは、私の友人で活動写真弁士をしている片岡一郎が約五〇分のフィルムを発見しました。これに以前からあった短いバージョンからシーンを加えて、全長に近い九〇分、しかも良好な状態のフィルムとして保存されることになったのです。それが国立映画アーカイ

国立映画アーカイブ

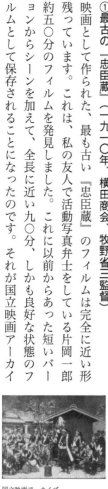

ブに寄贈され、折に触れて片岡一郎が弁士を担う形で上映会がなされています。

《概略》

これを作ったのは横田商会という会社です。映画を興行として初めて本格的に商業的に製作・上映していった会社で、横田永之助《よこたえいのすけ》という人物が起こしました。

横田商会は一九一〇年と一九一一年の二年間だけ、二条城《にじょう》に撮影所を持っていました。敷地内の空いたスペースにセットを建て、映画撮影に臨んでいます。実際この作品を観てもわかるのですが、二条城の掘割や櫓《やぐら》や城壁といった実景がそこかしこに映り込んでいます。

この作品を撮ったのが、日本最初の映画監督で「日本映画の父」と言われる牧野省三《まきのしょうぞう》監督です。マキノ雅弘《まさひろ》監督の父であり、長門裕之《ながとひろゆき》・津川雅彦《つがわまさひこ》兄弟の祖父にあたります。

そして主演は尾上松之助《おのえまつのすけ》。「目玉の松ちゃん」と呼ばれた、日本で最初の映画スターです。つまりこの作品は「日本で最初の映画監督」と「日本で最初の映画スター」が組んでできた「日本で最初の忠臣蔵映画」だということです。日本映画は草創期から既に「忠臣蔵」を作っていたのでした。ただ、これは一度に撮影されたわけではなく、いくつかの短編として撮られた『忠臣蔵』を一つの作品として編集したものとされています。

《特徴》

この作品の大きなポイントは「時代劇」ではないということです。時代劇という名称が誕生したのは一九二二年のことで、この時期は「旧劇」と呼ばれていました。

といいますのも、「旧劇」は「時代劇」と表現方法が大きく違っていたのです。まずは、女優ではなくて女形――つまり男性が女性の扮装をして演じるという歌舞伎の形式です。それからカメラも基本的には据え置きで、カメラワークはほとんどありません。セットも書き割りのよう。ですから本作は、旧劇時代の映画を長い上映時間で観られるという意味でも貴重な作品といえるのです。

《キャスト》

「忠臣蔵」といえば「オールスター」ですが、本作はそうはいきません。といいますのも、最初の時代劇スターが主役なのです。つまり、この時はまだスターが他にいないということ。オールスター映画なのに、スターが一人しかいない。

それでも、本作は「オールスター」としての体面を保っています。スターが一人しかいなくてオールスター。つまり、「オール尾上松之助」なのです。スターが演じるべきあらゆる役を尾上松之助がやれば「オールスター」になる。

それで尾上松之助は大石内蔵助と浅野内匠頭の二役を演じています。尾上松之助が晴らせなかった恨みを尾上松之助が晴らす。

しかも、それだけではありません。吉良邸に討ち入りをした赤穂浪士たちを待ち受けるのが吉良の剣豪・清水一角――なわけですが、尾上松之助が率いる四十七士の前に立ちはだかる清水一角が――これまた尾上松之助なのです。尾上松之助の仇を尾上松之助が討とうとし、それを尾上松之助が迎えうつ。観客も尾上松之助を見に来ていますから、尾上松之助があらゆるところに出てくれれば嬉《うれ》しいというのもあったのだと思います。

《内容》

では、粗末な内容なのかというと、これが全くそうではありません。「忠臣蔵」の重要な見せ場はほとんど盛り込まれています。

冒頭は吉良上野介が浅野内匠頭に嫌がらせをするところから始まります。なぜ嫌がらせをしているかは描かれていませんが、当時の観客はそこは前提になっているのでいちいち理由を描かないでいいのです。

次は松の廊下で吉良上野介に斬りかかり、内匠頭の切腹。その後で赤穂城に早駕籠が来て、大石内蔵助の最初の見せ場である大評定が行われる。その大評定の後には、幕府の軍が来て赤穂城を大石内蔵助が明け渡す。今度は祇園《ぎおん》で大石内蔵助が遊び暮らし、山科の別れがあり、それから東下り。立花左近との対面もあります。さらに南部坂のくだりがあり、討ち入り当日に蕎麦屋に集合。討ち入りを終えて、両国橋を渡っていこうとすると服部市郎《はっとりいちろう》右《え》衛門《もん》という旗本が現れて「この橋を渡ることはまかりならん」と立ちはだかります。一行は永代《えいたい》橋を渡って泉岳寺に向かう。そして殿の墓前で吉良上野介を討ち果たしたことを報告する。

――と、主な見せ場が全て入っています。映画における「忠臣蔵」は最初の時点でもう完成形になっているということです。徐々に完成していったわけではない。もうフォーマットはできあがっていたのです。

本作は九〇分の中に全ての見せ場が手際よく描かれています。それでいて慌ただしい感じはなく、個々の芝居場もちゃんと堪能できます。

②『忠臣蔵　天の巻・地の巻』（一九三八年、日活、マキノ雅弘・池田富保監督）

《概略》

本作を作ったのは、日活という、横田商会が発展する形で作られた映画会社です。日本活動写真株式会社、略して日活。

日活

「忠臣蔵」というのは何らかのアニバーサリーとして大々的に作られることが多くなるのですが、これは牧野省三監督の没後十年記念作品です。そこで息子のマキノ雅弘監督をはじめ、牧野省三にゆかりのある人たちが集まって作られました。

《特徴》

『天の巻』『地の巻』という前半後半に分かれている構成が大きな特徴です。前半の『天の巻』は、刃傷事件から内匠頭の切腹を経て大評定まで。そして、その後の討ち入りに向かっていく流れが『地の巻』。浅野内匠頭が主役なのが『天の巻』、大石内蔵助が主役なのが『地の巻』という形になるわけです。このフォーマットは戦後も続いていきます。

『天の巻』を撮ったのは、牧野省三監督の息子であるマキノ雅弘監督です。この段階で既に名監督としての名声を手に入れていました。それから牧野省三監督と組んできた池田《いけだ》富保《とみやす》監督が『地の巻』を作っています。『天の巻』『地の巻』をダブル監督体制で撮っていったというのも面白いところです。

そして、最大の特色は豪華すぎるキャストです。牧野省三の尽力によりさまざまな時代劇スターが世の中に出ることになり、この時期は時代劇の大黄金時代になっていました。その中の主だったスターたちが数多く出演しているのです。

そのため、「日活東西総動員」というクレジットが出てきます。当時の日活は東京に現代劇の撮影所があり、京都に時代劇の撮影所がありました。その東西の俳優を総動員したことをトップにクレジットして誇示するほどの豪華キャストだったのです。

大きなポイントは「総動員」という言葉です。「総出演」ではありません。実はこの映画の公開は一九三八年三月三十一日。この翌日、一九三八年四月一日に「国家総動員法」が公布されます。つまり、戦争遂行のために国民が挙国一致の戦時体制に巻き込まれていく、その法律です。それを踏まえての「総動員」というクレジットでもあるのです。つまり、国家総動員体制に向けてのプロパガンダという側面もありました。

《キャスト》

とにかく豪華なスターが並びます。

まず大石内蔵助を演じるのが阪東妻三郎《ばんどうつまさぶろう》。田村正和のお父さんにあたる人です。旧劇が時代劇に変わっていくときに、それを牽引した時代劇スターで当時のトップ中のトップです。

それから浅野内匠頭と立花左近の二役を演じているのが片岡千恵蔵。それから、原惣右衛《はらそうえ》門《もん》という大石内蔵助の番頭格と小林平八郎という吉良方の指揮官。これを月形龍之介が一人二役で演じています。さらに、脇坂淡路守と清水一角の二役を演じるのが嵐寛寿郎《あらしかんじゅうろう》。

当時、七剣聖と呼ばれた時代劇スターのうち四人がこの作品に顔を揃え、彼らが二役を演じることで前半後半それぞれに登場している。この段階で、とてつもなく豪華な作品といえます。

そして、豪華なのはキャストだけではありません。セットもとてつもなく豪華です。たとえば松の廊下の幅も長さも物凄く大きい。廊下の角を曲がった向こう側の部屋や、そこに渡る小さな橋まで作り込まれています。大評定に使われる大広間も巨大。大石の後ろ側に見える調度品もかなり豪華です。

それから立花左近と向き合う「東下り」の本陣の宿もスケールが大きい。本来なら、本陣の玄関と、立花左近が大石のいる部屋に向かう少しの距離の廊下、あとは大石の控える部屋のセットだけあれば十分で、他は作る必要はありません。ところが、千恵蔵の左近が宿に入り阪東妻三郎の部屋に行くまで延々と歩いているのです。それをワンカットの移動撮影で撮っている。つまり、それだけ長い廊下を作っているということです。廊下を作るということは、その周囲の中庭や屋根や部屋も作る必要がある。この歩くシーンだけのために、それだけのセットを作ったのです。

《内容》

作品自体は、全体にしっとりとしたトーンで、とにかく泣かせよう泣かせようという演出になっています。ですから、討ち入りや松の廊下といったアクション色のある見せ場よりも、たとえば内匠頭の切腹や東下りの場面が長く割かれています。

つまり、結果的に作中で最も時間が割かれているのは、大石を演じる阪東妻三郎ではなく片岡千恵蔵の出ている場面です。そのため観終わってみると片岡千恵蔵の印象がものすごく残る。そして、実際のクレジットも片岡千恵蔵がトップに出ます。大石を演じる阪東妻三郎ではないんです。その後、五六年に作られた『赤穂浪士』でも大石を演じる市川右太衛門《いちかわうたえもん》ではなく立花左近を演じる片岡千恵蔵がトップに出ていて、そこも面白い共通点です。

残念ながら現時点で観られるバージョンは総集編のみです。それでも、主要エピソードは過不足なくすべて盛り込まれております。戦前の時代劇の総力が結集されたといって過言でない作品なので、王道「忠臣蔵」の完成形として捉《とら》えることができます。

③『元禄忠臣蔵』（一九四一・四二年、松竹、溝口健二監督）

《概略》

この一九四一年は日米開戦、太平洋戦争が始まる年です。世の中も戦時体制に入って、映画も戦争協力をしなければならなくなり、国策映画、国威高揚映画が作られていきます。そして内閣情報局がすべての映画に対して検閲をかける。その時代に作られたのが、この『元禄忠臣蔵』という作品でした。

ですから「情報局国民映画参加作品」というクレジットで始まります。つまり、情報局が管理をした国民映画——国民の戦意を高揚させていくための計画に参加している作品という印で、情報局のお墨付きのある国威高揚映画ということになります。

本作は前後編あわせて二二三分の超大作です。前編一一一分、後編一一二分。

これを撮ったのは溝口健二《みぞぐちけんじ》監督。戦後には『西鶴一代女《さいかくいちだいおんな》』や『雨月物語《うげつ》』などで海外の映画祭でグランプリを受賞した、巨匠の中の巨匠という監督です。この段階から既に巨匠としての立場を確立していまして、『浪華悲歌《なにわえれじい》』『祇園の姉妹』という名作によって「芸術派の巨匠」として評価されていました。

ただ、この時期は、もうそうした文芸色の濃い映画を撮れなくなっていました。国威高揚映画を撮らないといけないのです。しかし、溝口健二は基本的には弱者——特に女性の目線から描くことを主にしている監督でしたので、国威高揚映画はやりたくないわけです。といって映画を撮らないわけにもいかない。そこで、「『忠臣蔵』ならいい」ということで『元禄忠臣蔵』が作られることになります。

《特徴》

溝口健二が撮るわけですから、オールスターと見せ場で構成する「王道」をそのままやりはしません。溝口は自然主義リアリズムをモットーとしていますので、時代劇だとしても役者の演技も現代的で自然な芝居というのを心がけるように演出します。

それから、何よりもこの作品がすごいのはセットです。先ほどの『忠臣蔵　天の巻・地の巻』も大きなセットを作っていますし、その後の「忠臣蔵」映画も基本的に豪華なセットを作っているのですが、『元禄忠臣蔵』は格が違います。

本作のセットは「豪華」ではなく「リアル」。とにかく時代考証を徹底して厳密にやっています。特に松の廊下。溝口は実際の江戸城の史実に忠実な平面図と立体図を手に入れまして「その通りに作れ」と指示しています。そして原寸大の松の廊下を作らせます。

松の廊下は刃傷事件が起きる松の襖《ふすま》絵の飾られた直線だけでなく、実は中庭を取り囲むようにスクエアの形状をしています。通常の「忠臣蔵」では事件現場の直線と、それに少しだけその直線と繋《つな》がる角を作ることはありますが、対面まで作ることはまずありません。そこまで映り込むことはないからです。

しかも、この廊下は櫓のような形状をしていて、中庭を大きな瓦屋根が囲む形になっています。その瓦屋根には破風もあります。その全てを原寸大そのままに作ってしまったのです。

しかも、松の廊下は冒頭の1シーンしか出てきません。その数分だけのために、映画史上でも稀有《けう》な巨大セットを作らせたのです。

一九八〇年にリバイバル公開された時のパンフレットによりますと、そのセット代だけで一九八〇年当時の計算で三十六億円かかったといいます。

刃傷事件の撮影は移動撮影で撮られ、そのため動きの中でさまざまな角度から廊下が映っています。時おり対面や屋根も映る。ほんの少しなのですが、二条城かどこかしらの由緒ある寺でロケしたと勘違いするほど、精巧に作られています。それが許されるほど、溝口健二は巨匠だったわけです。

建築監督としてそのセットの建設を指揮した新藤兼人《しんどうかねと》監督は八〇年のパンフレットに次のように記しています。

「太平洋戦争に突入する寸前のところで、映画の本数は統制を食って、急激に減り、映画などと言ってられない雰囲気だった。そこで私は思い出に思いっきり豪華にやってみようと思った」

つまり、当時の統制に対するせめてもの反抗として、巨大なセットを作ったということになります。内容は検閲されますが、セットまでは口出しできませんから。

《キャスト》

俳優たちは基本的には前進座《ぜんしんざ》という歌舞伎から派生した人気劇団の面々がベースになっています。前進座は戦後には日本共産党と強い繋がりをもつようになるなど、反体制色のある劇団でしたが、この時はさすがにそこまで表立った動きはしていませんでした。

河原崎長十郎《かわらさきちょうじゅうろう》、中村翫右衛門《なかむらかんえもん》、河原崎国太郎《かわらさきくにたろう》といった前進座のオールスターに加えて市川右太衛門や高峰三枝子《たかみねみえこ》というトップクラスの映画スターたちも顔を揃え、キャストも豪華でした。

《内容》

スターたちの見せ場で繋げる従来的な手法は採っていません。そもそもの真山青果《まやませいか》の原作が赤穂浪士討ち入り事件を歴史的に調べ、当時の時系列通りに描いていった内容なので、それをあえて選んだのはこの自然主義リアリズムの監督である溝口健二の面目躍如といったところです。

真山原作がそもそもそうなのですが、この作品には討ち入りのシーンがありません。討ち入りが終わった後、大石たちが細川邸に集められて沙汰を待つ。そして全員切腹という沙汰がくだって、切腹の刑場に向かっていく。そこで終わります。

多くの「忠臣蔵」のラストシーンは、殿の無念を晴らして意気揚々と永代橋を渡っていく場面になります。あるいは永代橋を渡りきって、泉岳寺で殿の墓前で報告する場面。つまり「ハッピーエンド」的な終わらせ方をしているのです。それは「忠義を果たした英雄物語」という締め方です。

が、本作はそうではありません。義を果たす肝心の討ち入りと吉良成敗のシーンを描かないで、果たし終えた後が描かれる。それは、罪人として切腹して死んでいくというもの。白装束の大石が歩いて行くと、カメラが引いていく。すると、大石の向かう先に刑場の砂場が見える。もうすぐ彼は切腹して死んでいくという最期を予感させる終わり方になっているのです。ちなみにこの時も、その引きの撮影ができるくらい巨大な――今だったらお寺とかを使うのですが――セットを作っています。

討ち入りは原作になかったから溝口も描かなかったのかというと、実はそうではありませんでした。もともと溝口健二自身も撮るつもりでいました。原作になくとも吉良邸討ち入りはやはり描かないといけないということで、これまた巨大な吉良邸のセットを作ってはいるのです。ところがこれは最終的に撮らなかった。いや、撮れなかった。

その理由を新藤兼人は次のように解説しています。

「事実のとおりにやらなければならない溝口健二のリアリズムでは、人を斬ることが征服できなかった。斬るまねでは困るのだ。斬るならほんとうに斬らねばならない。しかしドラマであって人殺しではない。だから、討ち入りの場面はセットを建てたが撮らないのである」

「武士道というものをつかみきれなかった焦りから、風俗の追究へと目がそれ、形を整えることに集中したのである。溝口健二の成功した作品は、すべて名もなき底辺に生きる女たちを主人公にしたものだが、ここではサムライというものであり、武士道であり、忠義というものであった。それは一年がかりの仕事の最初から最後のワンカットまで、溝口健二にとっついた曖昧模糊としたもどかしいものであった。大石内蔵助をはじめとする義士たちの心が、溝口健二にはついにわからなかったのである」

溝口健二は貧しく、理不尽な目にあっている女性たちをすくい上げるという、まさに今のポリティカルコレクトネスにつながっていくドラマ作りをモットーとしてきた人です。それに比べると、武士道や忠義といった侍の美学は正反対です。そのため本人のなかで消化ができなかったということです。そうした葛藤が劇中からうかがえることも、この時代を映したものといえるでしょう。

B　東映の三作

さて、ここからは戦後編です。まずは戦後に時代劇映画で隆盛を誇った東映が短期間に一気に作り出した、豪華絢爛な「忠臣蔵」三作をご紹介します。

東映は一九五一年にできた戦後の新興会社です。それが五〇年代の時代劇ブームに乗り、日本映画界のトップに躍り出ます。当時の日本映画界の興行収入の三割を東映時代劇が稼いでいたほどです。配収の年間ベスト10でも、必ず三、四本ほど毎年入っていました。

その栄華を象徴するように、一九五六年から六一年の五年間で三本のオールスター「忠臣蔵」を作っています。第一章で述べましたが、「忠臣蔵」は一本作るだけでも大変です。ですから、戦後は各映画会社とも一〜二本くらいしか作れていません。

それを五年という短期間の間に三本も作っているということは、いかに隆盛を誇っていたかがよくわかります。それができるだけの多くのスターたちがいて、それを形にできるだけのスタッフたちがいた。そして、豪華な「忠臣蔵」として作るだけの資金力もあった。なので、まずは戦後「忠臣蔵」の象徴としてこの東映「忠臣蔵」三本から述べていきます。同じ会社が同じ撮影所で似たようなキャスティングで同時期に撮った作品にもかかわらず、その内容や魅力はそれぞれ異なっていたりもします。

東映「忠臣蔵」の楽しみ方

その前に、まずは三本に共通する「楽しみ方」を紹介します。それは、第一章で述べたように、オールスターならではの「顔見世興行」としての楽しさです。

栄華を誇っていた東映時代劇の最大の魅力は綺羅星《きらぼし》のごときスターたちです。そのスターたちはそれぞれに一枚看板として人気シリーズに主演しています。東映は「スターシステム」といって、スターに合わせて時代劇の企画を立てていました。そのスターたちの魅力をもって観客を呼んでいたのです。

一人一人が一枚看板で人気のスターたちが年に一度、一堂に顔を合わせる場。それがオールスター映画であり、その代表が「忠臣蔵」だったのです。それだけに、スター同士の顔合わせや格付け的な番付というのが、観る側にとっても大きな楽しみとなります。

まずは片岡千恵蔵と市川右太衛門。戦前からの時代劇スターでもある二人は東映の重役待遇であり、「御大」として別格扱いをされていました。この大物二人の顔合わせが、まずは最大の見せ場となります。

作り手たちは、双方の格を重んじつつ、その関係性を芝居の中に反映させていく。まさに、オールスター映画の真骨頂といえます。今回は千恵蔵が誰を演じ、右太衛門が誰を演じるか。双方がどう顔を合わせ、それがどのような芝居へ発展していくか。当時の観客たちは、ポスターを眺めながらそれを楽しみにしていたのです。

一方で戦後世代のスターたちも台頭しています。東千代之介《あずまちよのすけ》、中村錦之助、少し遅れて大川橋蔵がいて、三人の少し先輩に大友柳太朗がいます。この面々は若きスターで女性や子供に人気もある。彼らがそれぞれどのようなポジションにあり、作品ごとにその序列や扱いがどう変化していくのか。スターとしての成長、あるいは伸び悩みの変遷を追うのも楽しい。

そこにさらに里見浩太朗、松方弘樹、北大路欣也といった次世代のスター候補生も絡んできます。後に大御所クラスのスターになる彼らがまだ若々しい中で売り出されようとしている。そんな青春時代の足跡でもあるのです。

ですので、個々の作品として観るのはもちろん、三作を続けて観ることで当時の観客たちと同じようにスターたちの裏側の人間模様に想いを馳せてみるのも一興といえるでしょう。

①『赤穂浪士　天の巻・地の巻』（一九五六年、松田定次監督）

《概略》

東映五周年記念作品で、牧野省三の実子である松田定次《まつださだつぐ》が監督しています。当時、東映時代劇のエースでした。製作の指揮を執ったのは同じく牧野省三の実子で東映の重役であったマキノ光雄です。

二人とも「忠臣蔵」には並々ならぬ思い入れがあったのですが、時代劇が解禁されて最初に通し狂言の「忠臣蔵」映画を作ったのは松竹でした。この松竹作品は後で紹介します。マキノ光雄は先を越された上にその内容にも不満がありました。それなら東映五周年に合わせて、モノクロだった松竹版と異なりこちらはカラーの豪華版として、完璧な「忠臣蔵」を作ってやろうと思い立ちます。

といって、従来通りの作り方を踏襲するだけではありません。第二章でも述べましたように「従来通りの「忠臣蔵」をそのままやっても今の観客には受け入れられない」と判断したマキノ光雄は、あえて『赤穂浪士』を原作に用いて現代性・作家性も盛り込みました。

そして、注目するのはクレジットの順番です。大石を演じるのは市川右太衛門なのですが、クレジットのトップに名前が出てくるのは立花左近を演じる片岡千恵蔵なのです。これは、東映初のオールスター「忠臣蔵」にもかかわらず、先輩にあたる片岡千恵蔵が脇に回ってしまったため、会社側がその格を慮ったものでした。こういうところにも、東映のスターシステムならではの面白さがあります。

《特徴》

東映五周年記念作品で史上初のカラー「忠臣蔵」だけあり、とにかくセットが豪華です。大きいだけでなく、派手でカラフル。松の廊下はとんでもなく長く、襖も煌《きら》びやか。吉良邸も赤穂藩の江戸藩邸も赤穂城も、隅々まで派手派手しいです。大石が遊び惚《ほう》けるふりをする祇園の一力茶屋《いちりきぢゃや》も二階までセットが作られているし、芸者たちの衣装も色とりどりになっています。

それから、その芸者たちの数がとんでもなく多い。彼女たちが大石とともに歌い踊る場面は壮観ですらあります。それは芸者たちだけではありません。とにかく、どのシーンもエキストラの数がとんでもなく多いのです。冒頭の江戸市中のシーンも、今でいう休日の竹下通りや渋谷のスクランブル交差点や京都の嵐山ばりに人がひしめいています。昨今の時代劇を観慣れていると、「江戸ってこんなに人が多かったのか!」と驚かされることでしょう。賑《にぎ》やかで華やかな元禄時代が、画《え》として伝わってきます。

それから、キャスティングが素晴らしい。もちろん東映オールスター映画ですから、豪華な面々が揃っています。しかも、ただ豪華に並べているだけでなく、その配役もスターたちの演技も見せ場の見せ方も全てが「「忠臣蔵」かくあるべし」というお手本のようなハマり具合なのです。

ですから、後の世代が「「忠臣蔵」ってどんなものだろう」というのを知る上では、本作をまず観ることをオススメします。その豪華さとベストマッチのキャスティングをもって、オールスター「忠臣蔵」の「正解」を教えてくれます。

《キャスティング》

では、そのキャスティングとは具体的にどのようなものか。

大石内蔵助を演じるのは市川右太衛門。普段はぼやっとした「昼行灯《あんどん》」で相手を油断させるような隙を見せながら、ここ一番になってくると目つきが変わり、果断さ、鋭さ、そして四十七士を率いるに足る貫禄を見せていきます。その二面性をもって、器の大きさや忍耐の美学という「これぞ大石」たる芝居をしていました。

浅野内匠頭を演じるのは東千代之介。貴公子然とした二枚目なのですが、神経質気味の芝居をしています。潔癖なまでの正義感があり、自分の美意識にこだわっているため、危うい青さを感じさせる。ですから、この内匠頭を観ていると「その生き方、その考え方だといずれ大きな破滅がおきてしまう」とハラハラさせられます。

その内匠頭の前に立ちはだかるのが、月形龍之介扮する吉良上野介です。吉良上野介は高家という礼儀を指南する家柄ですので、それにふさわしい気品や風格が漂わなければなりません。ただ憎々しく嫌がらせをすればいいというわけではない。

その点、月形龍之介もまた時代劇スターで、この時期は「水戸黄門」シリーズの主演をしていますから気品も風格もあるわけです。堂々たる貫禄もあり、しかも若い頃は剣豪スターなのでここ一番では鋭い目つきにもなる。そのため百戦錬磨の感がある。これなら大石をもってしても敵《かな》わないのではないか、という強敵感があります。そして何より千代之介の内匠頭の青々しさとのギャップも際立っているので、全く寄せ付けられずに踏みつぶされる内匠頭の悲劇がより鮮明なものになっていました。

もう一人重要な登場人物として出てくるのが、『赤穂浪士』オリジナルの人物・堀田隼人です。剣は強いけれども生きる目的は何もない浪人。侍なんてものは空しいものだと思い込んでいて、幸せそうな奴らを不幸せにしたいという考えをもって人を斬る。これを大友柳太朗がニヒルに演じ、その虚無性を見事に表現していました。

その隼人と行動を共にする盗賊・蜘蛛の陣十郎は進藤英太郎《しんどうえいたろう》が演じています。進藤は普段は時代劇の悪役が多いのですが、ここでは庶民側のバイタリティーを代表する役柄を演じています。武士たちに怒りを感じながらも表向きは飄々《ひょうひょう》としているアウトロー。名悪役ならではの演技でした。

本作で大きく扱われているのは小山田庄左衛門で、これを中村錦之助が演じています。颯爽とした、それでいてうぶな感じのする二枚目の美青年役です。女性と恋愛関係になり、恋をとるか、仇討という本懐をとるかで悩み苦しむという葛藤が描かれており、まだ若々しい盛りの錦之助が大熱演しています。

一方で、他の赤穂浪士たちはぞんざいな扱いです。配役的にも物語的にも扱いは小さく、出番が少ない。内匠頭の切腹後は大石内蔵助、堀田隼人、小山田庄左衛門の三人が物語を盛り上げていく構成になっています。

《内容》

この作品の上映時間は二時間半しかありません。「忠臣蔵」を通し狂言として描くには、相当に短い。その中に「忠臣蔵」に必要な見せ場と、堀田隼人や蜘蛛の陣十郎という大佛次郎がオリジナルで作った世界、さらに小山田庄左衛門の悲恋の物語が盛り込まれます。

そのため、凝縮して詰め込まれた構成になっていて、しかもテンポよく進んでいくので全く飽きがきません。活躍する登場人物を絞ることによって、二時間半の間に主な見せ場を全て収めているわけです。

前半は全て浅野内匠頭のパートです。ひたすら嫌がらせをされて耐えるという展開で、後半になって大石内蔵助、堀田隼人、小山田庄左衛門、三人の物語が動き出します。

吉良上野介は「世の中は金じゃ」という生き方をしていて、質素倹約を旨とする内匠頭と価値観がぶつかるという中で嫌がらせが始まっていきます。

前半の大きな特徴は松の廊下です。内匠頭は基本的に神経質そうで、いつキレてもおかしくない雰囲気がある。それでも片岡源五右衛門（原健策《はらけんさく》）に諭されて、首の皮一枚でなんとか耐えます。そして、松の廊下ということになります。吉良から挑発を受けるのですが、ここまでの内匠頭の様子を観ていると、すぐにキレて斬りかかりそうな気がします。

でも、そうではありません。その挑発に、とにかく堪《こら》えるのです。源五右衛門の「堪えてください」という声も思い出すほどです。それでも最後は堪えきれずに斬りかかってしまう。内匠頭も堪えなければならないことは分かっているし、当初はそうしていました。それでもついには我慢できず、やむにやまれず――と丁寧にプロセスを踏むことで、観る側に内匠頭への同情を駆り立てる演出になっているのです。ここまでで五〇分。全体の三分の一を使っています。

ここからの展開が早い。大石は屋敷で内匠頭の訃報を知り、最初は呆然とした悲しみの表情をするのですが、次に大石が表に出てきた時はもう討ち入りをする気の表情に変わっていて、果断に次々と手を打っていきます。大評定においても、議論はありません。既に人数が減った状態から始まり、討ち入りの宣言をするのです。

その後は堀田隼人と蜘蛛の陣十郎が、上杉の千坂兵部（小杉勇《こすぎいさむ》）の命令を受けて大石の動静を探ったり、小山田庄左衛門のラブストーリーが始まっていく。そして祇園一力茶屋、山科の別れを経て一気に東下りになります。

この東下りが本作の最大の見せ場。三島宿の本陣に「立花左近」を騙って宿泊する大石の所に、本物の立花左近が現れる。ここで両御大の顔合わせです。二人のにらみ合いから本物の左近が相手の正体を知るまで、両雄のアップを重ねながら緊張感を高めていきます。二大スターの顔が順番に大写しにされるだけで、もうド迫力なのです。このシーンだけでも、一本の映画を観たような大満足をできるほどです。

片岡千恵蔵が出てきて去り、その背中に向かって市川右太衛門が頭を下げる。それが大石役を譲ってくれた千恵蔵への礼のようにも映り、熱くなります。

その後の吉良邸の絵図面入手は簡単に済みますし、討ち入りも五分ほどで終わります。その一方で掘り下げられるのが、堀田隼人と小山田庄左衛門です。

堀田は虚無感の中で生きていたのが、大石と対峙することで生きがいを見出《みいだ》すようになります。ところが、その大石は快挙を成し遂げてしまった。そんな堀田隼人の絶望が描かれるのです。そして、恋と忠義との間で葛藤し、最後は恋をとってしまう庄左衛門。討ち入りやそれに向けてのドラマより、討ち入りに参加することのできなかった者たちのドラマが際立つ構成となっています。

豪華な作りで、主要キャストの配役も芝居も完璧。そんな「正解」ともいえる「忠臣蔵」でありながら、ドラマとしては定番に甘んじていない。その作品としての完成度の高さにより、戦後最高の「忠臣蔵」とすらいえる作品になっています。

②『忠臣蔵 櫻花の巻・菊花の巻』（一九五九年、松田定次監督）

《概略》

本作が作られた五九年は東映時代劇の絶頂期です。先ほど述べたように日本の興行成績の約三割を東映時代劇が稼ぎ出していて、年間百本以上の時代劇を量産。そのローテーションを埋めるために他社からスターを引き抜いてもいます。

そうした栄華の象徴ともいえるのが、この作品です。名目としては「東映発展感謝記念」。自分たちで「発展」と言い切り、しかもそれを「記念」しているところにも東映の絶頂ぶりが表れています。

《特徴》

五六年版も豪華でしたが、今回はさらなる豪華さです。五六年版の画面はスタンダードサイズ。正方形に近い形をしています。それが、今回からは現在のスクリーンと同じシネスコの横広の画面になっています。その効果を活かすため、セットはさらに巨大で豪華なものになりました。

たとえば、冒頭の吉良邸。上野介の背後にある襖絵がとにかく巨大です。それから江戸城内に勅使一行が入場するのですが、その行列も「どこまで続くのか」と驚くほど長大。上野介の嫌がらせで畳替えをすることになる広間も、いくつも部屋が続く、地平線のような規模になっています。大石家の屋敷も、赤穂城の広間も巨大です。

それから城の接収に来る脇坂淡路守の軍勢もすごい。横広のシネスコの画面の隅から隅まで埋め尽くされている。これは、人を集めることはもちろん、それぞれの馬に武具に衣装も必要ですから、それだけお金がかかっているということです。

それから、キャスティングも一段と豪華。絶頂期に作られた作品なので、隅々に至るまでオールスターです。五六年の段階では中村錦之助や東千代之介が若手スターとして頭角を現してきた時期でしたが、今度は看板スターがたくさんいるので隅々までの配役をスターで埋め尽くすことができるのです。

前に述べましたように、オールスターで「忠臣蔵」をやる際は「大物枠」というものがあり、四十七士にスターが配されることはそう多くありません。ところが、今回はスターの数も多いため、四十七士にも数多くのスターが配されます。すると、それぞれのスターの見せ場が必要になる。結果として、赤穂浪士たちの群像劇という構成になっているのです。

そこが五六年の『赤穂浪士』との大きな違いになります。

《キャスティング》

大石内蔵助は片岡千恵蔵が演じています。市川右太衛門は軽さと重さの両方を出していましたが、千恵蔵は徹底して重い。尋常ではない重厚感と貫禄を出し、そして芝居も徹底的に作り込んだ芝居をしています。その激しい作り込み具合は、自然な演技に慣れた今の人はびっくりするかもしれません。

浅野内匠頭を演じるのは中村錦之助です。この時は両御大に比肩するだけのスターになっていました。

前回の東千代之介の内匠頭は青白い貴公子で、家臣が支えないと——という危うさがありました。支えきれなかったために事件が起きてしまったという作りです。

錦之助の内匠頭は少し違います。颯爽として英明な雰囲気がある。しかも堂々と落ち着いた感じがあるので「この人だったら刃傷はしないのではないか」という気にすらさせてくれます。世間知らずの潔癖症ということもない。頭も切れる。

そんな名君と思える内匠頭を刃傷に追い込む、悪魔のような存在として吉良上野介は描かれることになります。これを演じるのが進藤英太郎です。前回は蜘蛛の陣十郎を演じました。盗賊がはまったくらいですから、月形龍之介のような風格はありません。卑小さを表現するのが上手い名悪役です。ここでも飄々とした中に厭《いや》らしさを出してきます。しかし、高家筆頭で礼儀作法を指南するには、風格が足りません。

その分、粘着的な嫌がらせを徹底した憎々しさで演じます。こんなにちっぽけな老人のために、あの聡明な青年が悲劇に追い込まれる。本作は、そんな理不尽なドラマなのです。

そして先ほど述べましたように、今回は四十七士をスターたちが演じています。

たとえば吉田忠左衛門《よしだちゆうざえもん》。たいていは重鎮クラスのベテラン脇役俳優が演じるのですが、今回はこれを大河内傳次郎《おおこうちでんじろう》という戦前の大スターが演じています。血気盛んな若者たちを沈着におさえる重石《おもし》として、江戸パートを締めていました。

前回は浅野内匠頭を演じた東千代之介は、岡島八十右衛門《おかじまやそえもん》という勘定方の赤穂藩士役です。大石内蔵助の軍師的なポジションでお金の計算をしたり、浪士たちのまとめ役の役割。その一方で前回の浅野内匠頭を演じた時と同じ血気盛んなところもあり、気に入らないことがあったら刀を抜きそうな危うさもある。

堀部安兵衛《ほりべやすべえ》は大友柳太朗が演じています。堀田隼人を演じたときはニヒルでしたが、今度は豪傑そのものです。

『赤穂浪士』には出なかった大川橋蔵が今回はスターの一人として出てきます。演じるのは岡野金右衛門《おかのきんえもん》。二枚目担当です。そして金右衛門の相手役の女性は美空《みそら》ひばり。両スターによるラブストーリーになっているのです。

その美空ひばりの父親役を演じるのが月形龍之介。前回は吉良上野介を演じましたが、今回は老いた赤穂藩士の役を演じ、自分は討ち入りに参加できないため四十七士より先に切腹をするという役柄です。その想いを受けて大石内蔵助は討ち入りの決意をすることになる、重要な役割です。

それから女優陣も豪華で、美空ひばりに加えて、木暮実千代《こぐれみちよ》、花柳小菊《はなやぎこぎく》、千原《ちはら》しのぶ、桜町弘子《さくらまちひろこ》という、当時の東映のトップクラスの女優たちが全て出ています。

最後は市川右太衛門です。これをどこで千恵蔵の大石と顔合わせさせるか。一番いいのは立花左近ですが、前回その顔合わせはやっていますから避けなければなりません。

そこで、脇坂淡路守をやることになります。初登場は松の廊下。刃傷を受けた上野介が介抱されながら運ばれてくると、脇坂にぶつかる。そして「家紋を血で汚すとは！」と上野介をはたく。いきなりの見せ場です。それまでの内匠頭との関係性は描かれていないので、知らない人は戸惑うかもしれませんが、当時の観客には説明不要だったわけです。

そして、赤穂城の明け渡しの場面で両御大が向き合います。二人が内匠頭のいた書院で、内匠頭が子供の頃に柱に彫った絵を見つけるわけです。それを見て二人で内匠頭を思い出しながら悲しみにひたる。思い出の中にある内匠頭＝錦之助を含め、三大スターが接する豪華な場面となりました。

《内容》

上映時間は三時間あります。長丁場ですから、個々の見せ場も長く時間をとっています。エピソードの数も多いし、そこに至るまでのプロセスも丁寧に描いています。

吉良による嫌がらせ、それに立ち向かう赤穂藩士たちの畳替え、松の廊下の挑発。さらに『赤穂浪士』には描かれなかった、多門伝八郎（小《お》沢《ざわ》栄太《えいた》郎《ろう》）による尋問と内匠頭の切腹。この辺りも十分に時間を割いています。

そのため、大石内蔵助が登場するまでに一時間近くかかっています。そして大石の最初の見せ場である大評定に四〇分。前作と異なり今度は二転三転する議論を丁寧に追っています。そして城の明け渡しでの両御大の顔合わせで第一部終了。

上杉方の動きがほとんど描かれない一方、美空ひばりが吉良邸に潜入して絵図面を入手するスパイ劇や、山科の別れ、金右衛門・安兵衛それぞれの母親との別れといった「泣き」の場面を挟んで討ち入りになります。

スターたちが四十七士を演じていますから、討ち入りに際しても千代之介、大友柳太朗、橋蔵――それぞれの活躍シーンが描かれています。さらに美空ひばりも討ち入りに参加しています。スパイとして吉良邸にいることで、討ち入り時も入手した情報を四十七士に伝えて共に戦うのです。

スターたちの活躍と見せ場をどう作るか。ひたすらそれに腐心した作品になっていました。

③『赤穂浪士』（一九六一年、松田定次監督）

《概略》

五六年の『赤穂浪士』が「東映創立五周年」ということは、その五年後の六一年は「十周年」ということになります。そこで再び東映は『赤穂浪士』を作ることになります。

実は、この翌年から東映時代劇には全く観客が入らなくなってしまいます。そのため、東映時代劇黄金期の最後を飾る作品でもあります。

《特徴》

翌年から凋落《ちょうらく》するということは、東映時代劇の方法論はこの時代に最も完成されているということでもあります。それはすなわち「東映時代劇はこう作ればお客さんは喜ぶ」という甘えにも繋《つな》がり、その傲慢《ごうまん》さが衰退の要因の一つになったといえます。

その方法論とは、ようはスターシステムです。スター個人の魅力やスター同士が直接共演する華やかさで観客を喜ばせる。そのために、キャラクターは強く明るくヒロイックに。物語は単純明快に。そんな明るく楽しい娯楽作品が東映時代劇でした。

今度の『赤穂浪士』には、そんな東映イズムが強く反映されています。そのため、同じタイトルでありながら、内容は五六年版とは全く異なります。五六年版のような批評性やドラマ性はなく、その一方でスター同士の顔合わせは豪華に盛られています。

引き続きセットは豪華です。とにかく、なにからなにまで金ぴかです。背景の襖絵から屏《びょ》風《うぶ》からなにもかも金ぴかで豪華。銭湯の二階で江戸庶民たちの宴会シーンもあるのですが、その宴会場のセットも巨大。今だったら美術費だけで予算がパンクするのではと思わせるものがあります。

特に「畳替え」。五六年の『赤穂浪士』、五九年の『忠臣蔵』、それにこの六一年の『赤穂浪士』、全てに出てきますが、その度に広間が大きくなっていきます。前回も大きかったですが、今回はもう画面に映りきらないくらい広大なセットに畳が敷き詰められています。松の廊下もさらに巨大になり、松が描かれる襖絵もどんどんどんどん派手になっています。派手な方へひたすら向かう、当時の東映時代劇のあり方もうかがえます。

《キャスティング》

今回も大石内蔵助を片岡千恵蔵が演じています。一方で市川右太衛門が演じるのは千坂兵部。上杉の家老です。つまり大石内蔵助と対峙する役です。両御大が短い見せ場で顔合わせをするのではなく、敵味方に分かれて五分と五分で戦うという設定になっている。

これがこの映画の大きな売りであり、最大の魅力になるわけです。しかも両雄はかつて山《や》鹿《ま》流《が》の兵法の道場の同門で、親友同士だったという設定になっています。そのため、お互いがお互いを強く意識し合いながら火花を散らす。両御大の闘いという、観客が最も観たかったものをここに提示しているのです。

一方で、浅野内匠頭を大川橋蔵が演じ、脇坂淡路守を中村錦之助が演じています。つまり、両御大が敵味方で対峙し、次世代の両スターは親友同士の役柄をやっているわけです。そして、この二人も共演シーンが多くなっています。

つまり、片岡千恵蔵と市川右太衛門、中村錦之助と大川橋蔵という二世代のライバル同士のスターが、それぞれに同格で向き合う設定にする。しかも、ただ顔合わせをするだけでなく、物語展開上で重要な芝居をする。その豪華さ――スターとスターがガッチリと芝居をすれば、お客さんも嬉しいでしょう――を前面に出した作りなのです。

東千代之介は堀部安兵衛で、ヒロイックな剣豪として演じています。ヒロイックな剣豪はもう一人います。それが堀田隼人。演じるのは、五六年版と同じく大友柳太朗です。

ところが、キャラクターは全く異なります。五六年版は原作と同じく虚無に生きるニヒルな剣士で、最後は自害してしまうのですが今回はそうではありません。「若様」と呼ばれる明るい豪傑なのです。悩み苦しんだりはしません。しかも「大石内蔵助の甥」という設定になっていて、何から何まで異なっています。つまり、東映的な「正義のヒーロー」になってしまっているのです。

相方である蜘蛛の陣十郎は出てきません。そのため、批評性もありません。その代わりに、上杉の放った女刺客と恋愛関係になるという、『ロミオとジュリエット』的なラブストーリーが描かれたりします。

こういったスターたちの芝居場に多くが割かれているため、他の浪士たちはあまり目立ちません。

《内容》

従来の『忠臣蔵』の見せ場というのは、あまりありません。それよりも、大石と千坂、内匠頭と脇坂という、スター同士の顔合わせができる場面を新たに作り、そこを見せ場にしているわけです。

畳替えが終わった時点で物語が始まるので、吉良上野介が浅野内匠頭に嫌がらせをするシーンは、実はこの映画にはまったく描かれていません。その一方で、嫌がらせで苦しんでいる浅野内匠頭の家に脇坂淡路守がなぐさめにきて、二人で飲むシーンが長く描かれている。

これは今までの『忠臣蔵』にはなかった場面です。吉良上野介が浅野内匠頭に嫌がらせをするシーンよりも、脇坂淡路守と浅野内匠頭が酒を酌み交わすシーンをとった。つまり、物語を見せることより、大川橋蔵と中村錦之助の二人が同じ空間で楽しそうにしている、この顔合わせのほうが大事だということです。そこに東千代之介も現れ、三大若手スター共演になっていきます。

右太衛門が演じていますから、千坂兵部も目立ちます。たとえば、内匠頭切腹の報は通常なら大石が真っ先に知るのですが、本作では米沢で療養をしている千坂兵部が最初に知らせを聞くことになります。その場面だけ見ていると、市川右太衛門が大石に見えてきたりもします。つまり千坂兵部でありながらも、大石と変わらない人物として出てくるわけです。

大石の最初の見せ場というと通常は大評定ですが、今回は結論はすぐに出て短く終わります。その一方で、かつての親友である千坂兵部と戦うことへの葛藤や赤穂城の明け渡しにきた脇坂との共演シーンはじっくり描いています。つまり、スター同士が絡むシーンは丹念に撮る一方、それ以外はぞんざいというのが、本作の大きな特徴なのです。

ただ、通常なら大石と千坂は両陣営の大将同士ですから、直接顔を合わせることはありません。では、どうするか。

東下りの立花左近を今回は大河内傳次郎が演じています。一通りの芝居を終えて立花左近が去り、大石がそれを見送ると――その宿の廊下の奥になぜか千坂兵部が現れるのです。ここで両御大の対面です。「ババーン!!」という大きなBGMも流れます。そして、二人はじっと見つめ合う。二分くらい続く、長い無言の対峙です。これで画がもってしまうのは、さすが両御大です。

大石が江戸に入ると南部坂を経てすぐに討ち入りになります。ここでは、主税を若手時代の松方弘樹が演じていて、まだ殺陣《たて》がたどたどしい。一方の松方の父・近衛十四郎は清水一角の役でさすがの剣豪ぶりで四十七士たちを迎え撃っています。双方の技量の違いを見るのも、一つの楽しみだったりします。

そして最後は討ち入りを終えて凱旋《がいせん》する大石内蔵助と、それを見送る千坂兵部――という終わり方をしています。最後まで「両御大の映画」というスタンスが貫かれていました。

一本目の『赤穂浪士』はドラマ性と豪華さの合わせ技。二本目の『忠臣蔵』は、隅々まで豪華キャストを配置する。そして三本目の『赤穂浪士』は、スター同士がそれぞれ顔合わせをする。それぞれに見せ場、見せ方、楽しさのポイントが違っていることがよく分かると思います。

つまり、「東映オールスター「忠臣蔵」」と一概に言っても、その三本とも実は切り口や描き方は違っていたりもするわけです。「「忠臣蔵」はいつも同じ物語」と思われがちですが、東映が同じ時期に作った三本ですら、こうも違っている。

「忠臣蔵」には「次はどのような描かれ方をするんだろう」という楽しみもあるわけです。この三本はまさに、そうした受け取られ方の象徴でもあります。

「忠臣蔵」はやり方によって、色々な見せ方ができる。その「忠臣蔵」が合うか合わないかは人それぞれですが、「忠臣蔵」の楽しさの一つはアレンジの楽しさでもあるわけです。

基本的な物語は同じですが、それをどうアレンジしていくか。それを比べる楽しさを、たとえばこの三本で感じるというのもオススメです。

C　松竹、大映、東宝の動向

東映が立て続けに「忠臣蔵」を作っていたこの時代、他社もまた作っていました。それだけ、日本映画界全体が隆盛にあったのです。

東映以外の会社では四本が作られていました。松竹が五四年と五七年、大映が五八年、東宝が六二年。東映の三本と合わせますと、一九五四年から六二年の八年間で計七本もの、「忠臣蔵」のオールスター映画がどこかしらの会社で作られていたということです。ほぼ毎年ですね。それだけ、映画界――特に時代劇の調子が良かったということがよく分かります。

①『忠臣蔵　花の巻　雪の巻』（一九五四年、松竹、大曾根辰夫監督）

《概略》

この作品は戦後初めて作られたオールスター「忠臣蔵」映画です。ＧＨＱが去ったことによって、時代劇が解禁され、それによって本格的な「忠臣蔵」も作ることが可能になりました。

それだけにかなり力を入れて作った内容になっていまして、劇場公開時の上映時間は二三三分——三時間五三分という途方もない長さです。現存している映像はＤＶＤにもなっている一八八分のバージョンです。それでも長い。

オールスターなのは俳優だけではありません。脚本が村上元三《むらかみげんぞう》、依田義賢《よだよしたか》、それから監督の大曾根辰夫《おおそねたつお》という三人の連名で、これも豪華です。村上元三はマキノ雅弘監督の『次郎長三国志《じろちょうさんごくし》』の原作を書いている人気小説家、依田義賢は溝口健二監督とさまざまな文芸作品を作ってきた名脚本家、そして松竹時代劇を引っ張る巨匠・大曾根監督自身。脚本陣もオールスターキャストなのです。

《キャスティング》

大石内蔵助は八代目松本幸四郎。今の松本幸四郎の祖父で、今の松本白鸚の父親です。凜《りん》としながらも堂々とした大石内蔵助でした。表情や感情を表に出さない冷静沈着な男として出てきます。

浅野内匠頭は高田浩吉。当時の松竹の時代劇スターです。これは錦之介の浅野内匠頭に近い人物像で、かなり気配りのできる人間という設定になっています。たとえば吉良に付け届けをしないのも潔癖症的な正義感からではなく、「そんなものをもらっても吉良殿も迷惑だろう」という、吉良への気遣いによるものでした。

賄賂《わいろ》政治の世の中に生きにくさを感じてはいますが、そこまで猛烈に質素倹約であろうとはしていません。気遣いはできるのですが、その気遣いがかえって吉良の誤解を生んでしまうという悲劇になっています。

吉良上野介を演じるのが滝沢修。劇団民藝《みんげい》という劇団のトップの俳優で、新劇界の重鎮です。この滝沢修は気品ある芝居ができるので吉良上野介にピッタリなのですが、その奥底にぬめりけある嫌みたらしさ、憎たらしさも出すことができる。そのため、理知的な内匠頭が吉良上野介のぬめりけに搦《から》め捕られていくという展開になっていました。

女優陣も豪華です。「忠臣蔵」の女性たちの三大キャラクターは大石の妻のりく。内匠頭の正妻である阿久里＝瑤泉院、祇園で内蔵助が遊ぶときに出てくる浮橋太夫ですが、これもそれぞれトップスターが演じています。りくを山田五十鈴、瑤泉院を月丘夢路《つきおかゆめじ》、浮橋太夫を淡島千景。豪華メンバーがそろいました。

さらに堀部安兵衛を剣豪スターである近衛十四郎が演じています。血気盛んな武辺者で、とにかく殺気を放ち、さすが近衛十四郎という迫力を見せつけてくれます。

それから、松竹の若手スターも顔を揃えます。当時、「松竹三羽烏」といわれる三人の若手スターたちがいまして、その中から高橋貞二《たかはしていじ》と鶴田浩二が出ています。高橋貞二は多門伝八郎、鶴田浩二は毛利小平太を演じました。

特に印象深いのは、第三章名鑑の「毛利小平太」編でも書きました通り、鶴田浩二です。最後の脱落者になる赤穂浪士です。

前髪を片方垂らし、ぱっちりの目張りで、少女漫画の二枚目の貴公子みたいな美男子として出てきます。役柄としては若手藩士で、急進派という設定です。この作品は個々の浪士の掘り下げはあまりされておらず、急進派、恋愛パート、脱落者を毛利が一人で担っています。大石内蔵助、浅野内匠頭に次ぐ、第三の主人公といっても過言ではない役柄でした。

《内容》

内容としましては、通常の見せ場はほとんど出てきません。戦後最初の「忠臣蔵」ということもあり、まだ慎重なところがあったのでしょう。「戦前の忠臣蔵とは違います」というエクスキューズがそこかしこに見られます。従来の見せ場を盛り込まなかったのも、その一つといえます。

刃傷事件の描かれ方も、これまでと異なります。松の廊下で嫌がらせを受けて、耐えに耐えて刀を抜いたというよりは、それまでに精神的な嫌がらせを受け続けて、悪夢まで見て、ノイローゼ状態になってしまった浅野内匠頭がその場で咄嗟《とっさ》に抜いてしまったという展開になっています。現代的な捉え方です。

その後に多門伝八郎の尋問を受けるわけですが、他の作品なら「私は何も間違ったことはやっていない」と堂々と主張するのですが、ここでは反省しています。ノイローゼになったあまり咄嗟にやってしまったことなので。「過ちました」「取り返しのつかない一大事になりました」と言うのです。

そして赤穂城での大評定もそうですが、ここでの大石は「殉死」という言葉も「仇討」という言葉も使いません。「封建的な価値観」を盛り込むことを禁じられていたGHQ統制時代の名残がまだあるのです。お家再興を第一と考え、「死」を選択するのも「藩士たちの一命をもってお家再興を訴える」という展開で、「内匠頭のための殉死」という表現を避けています。

それから、千坂兵部や色部《いろべ》又四郎《またしろう》といった、大石と対峙する上杉方の家老は出てきません。上杉方が出てこないので、大石は腹芸をする必要がない。そのため、東下りも南部坂のくだりもないのです。

その一方で、城を明け渡さないといけない藩士たちの無念を丁寧に描いています。接収に来た幕府の使者に対し、毛利小平太をはじめ、藩士たちは必死にお家再興を懇願してもいます。そして、城明け渡しの段階では「討ち入り」は全く話題にすら出てこないのです。

討ち入りの場面は堀部安兵衛を演じる近衛十四郎が鬼神のような殺陣を見せてもいるので

すが、本懐を果たしてめでたしめでたしとしていません。病身のためにボロボロになりながら、ようやく吉良邸にたどり着いた毛利小平太が人知れず死んでいくところで討ち入りの場面は終わり、ハッピーエンドというよりはもの悲しさが残ります。

ラストシーン。泉岳寺の内匠頭の墓前に内蔵助以下四十七士が集まって報告をするのですが、その際に大石内蔵助をはじめ一人一人の四十七士たちが名乗りをあげていく。その名乗りをあげていく声とともに、フェイドアウトしていく。これも寂寥《せきりょう》感がありました。

——といった具合に、「戦前の忠臣蔵とは違う」という作りが前面に出た作品でした。

② 『大忠臣蔵』（一九五七年、松竹、大曾根辰保監督）

《概略》

三年後、松竹は同じく大曾根監督で「忠臣蔵」を作ります。

松竹は「松竹グランドスコープ」というワイドスコープ（横広のスクリーン）のカラー映画を本邦初で製作します。その第一弾は現代劇の『抱かれた花嫁』で、その第二弾は「時代劇としての第一作」にふさわしい題材として「忠臣蔵」が選ばれることになります。それが本作でした。

当時の広報資料には、次のように書かれています。

「松竹がその全機能を挙げて製作する『大忠臣蔵』は、京都撮影所第一作であり、又時代劇第一作として、完璧の演技陣、最高のスタッフを網羅した空前の豪華作品である」

製作総指揮には当時の松竹のドンであった城戸四郎《きどしろう》のクレジットが冒頭に大きく出ていることからも、「全機能を挙げて」の企画だということがただのハッタリではないとよく分かります

《キャスティング》

大石内蔵助を演じるのは二代目市川猿之助《いちかわえんのすけ》。今の猿之助の曾《そう》祖父で猿翁《えんおう》の祖父です。今の猿翁は市川團子《だんこ》という芸名の時代で、主税を演じています。

この大石は幸四郎とは正反対。柔らかさはなく、剛直な武人という設定になっています。最初から討ち入りをやる気満々で、前のめりなのです。しかも目が怖く殺気も出ている。

それから、冒頭の配役のクレジットが面白い。通常、大石はトップスターが演じる主役ですから、出演者の最初に一枚看板で大きく出てきます。ところが、本作はそうではありません。市川猿之助、高田浩吉、松本幸四郎の三人が連名で出てくるのです。大石内蔵助が一枚看板として出ない珍しいパターンでした。

そして、前回は浅野内匠頭を演じた高田浩吉は今回は早野《はやの》勘平《かんぺい》。途中で命を落とす赤穂浪

士で、「おかる勘平」というスピンオフ演目の主人公です。一方、前回は大石内蔵助を演じた松本幸四郎は立花左近。つまり、大石、早野勘平、立花左近の三人が同格の主役という扱いになっているのです。

その一方で吉良上野介と浅野内匠頭のクレジットがものすごく小さい。浅野内匠頭はダブル主役といっても過言ではないわけですし、吉良上野介はそのときの悪役のトップの俳優がやるということで、これも通常は大きな扱いになります。ところが、この作品に関してはそうでもありません。浅野内匠頭を演じているのは北上弥太郎《きたがみやたろう》ですが、この北上弥太郎のクレジットは後のほうに出てきて、しかも五名の連名です。だからすごく小さく出てくる。吉良上野介は石黒達也《いしぐろたつや》がやっていますが、これに至ってはさらにその後。六行で出てきます。

しかも、二人とも出番もほとんどありません。上野介に至っては、松の廊下と吉良邸の討ち入りとで二回斬られるシーンがあるのですが、その二回の斬られる場面でしか出てこないのです。他は、寺坂吉右衛門役を近衛十四郎、清水一角役を大木実《おおきみのる》がやっています。

《内容》

驚かされるのは、冒頭のテロップでいきなり「江戸城松の廊下で刃傷が行われた」と説明されていることです。つまり刃傷事件の扱いが小さい。最初の段階で、浅野内匠頭が松の廊下で刀を抜いて、吉良上野介に斬りつけるところから始まっている。そのくらい、内匠頭はほとんど出てきません。

その後の展開は、江戸時代に作られた「仮名手本忠臣蔵」がベースになっています。そのため、明治以降の浪曲などの要素を盛り込みながら構成されているこれまでの映画とは、かなり内容的には趣が異なります。

まず、内匠頭の代わりに目立つのが、脇坂淡路守です。ここでは、なぜか「仮名手本忠臣蔵」の役名――つまり元禄ではなく南北朝時代に置き換えた時の名称――そのままに「桃井《もものい》若狭助《わかさのすけ》」という名前になっています。これを森美樹《もりみき》という松竹の若手スター候補生が演じています。彼が浅野内匠頭の刃傷の後でエキセントリックに盛り上がり、浅野内匠頭が上野介に斬りかかるのを止めた桃井家の家老・梶川与惣兵衛《かじかわよそべえ》――これも本作では「仮名手本」の「加古川《かこがわ》」という苗字になっています――を叱責し、「浅野殿が討たなければわしが討ち果たしていた！」と叫ぶのです。

これが、本作の主軸の一つになるラブストーリーの発端になります。実は加古川の娘は大石主税の許嫁《いいなずけ》で、二人は愛し合っていました。が、加古川は内匠頭に上野介を斬らせなかった張本人。そのため、二人の間にヒビがはいることになっていくのです。

中盤は高田浩吉を主軸にした「おかる勘平」の悲恋の物語が展開されます。最後に勘平は自決して果てるのですが、その時の高田浩吉が歌舞伎ばりに激しく作り込んだ演技をしていて、カメラもワンカットの引きの画になっていますので、かなり舞台的な芝居でした。

そして後半は主税の悲恋が掘り下げられます。そのため、とにかく他の四十七士の活躍というのがほとんど描かれません。堀部安兵衛も不破数右衛門も出てこないわけです。赤穂浪士はほぼ後ろでリアクション要員になっています。

「おかる勘平」も主税の悲恋も、基本的には「仮名手本忠臣蔵」の設定がベースになっています。これは実は映像作品では珍しいケースです。

そして東下りの立花左近との絡みも、「仮名手本忠臣蔵」の設定になっていました。

今回は市川猿之助と松本幸四郎という二大歌舞伎役者がぶつかりあうという形で盛り上がります。向き合うのは箱根の関です。関の関守が立花左近。そして、たいていの「忠臣蔵」は立花左近か垣見五郎兵衛のどちらかなわけですが、今回はその両方が出てくる。ここでの大石は垣見五郎兵衛を騙っています。それなら、立花左近には関係ないことなので芝居にならないと思う所ですが――。実はこの立花左近と垣見五郎兵衛の本人とが知り合いという設定なのです。

垣見五郎兵衛本人を知っている立花左近からすると、目の前にいるのが偽者だとすぐに気づくわけです。そして送り状を大石が左近に渡すと、それが白紙になっている。荷駄を見たら浅野家の家紋がある。そこで、立花左近は目の前にいるのが、大石だと気づく——という流れになっていきます。

それから、清水一角の描かれ方も面白い。早くから赤穂サイドに心を寄せていて、討ち入りが始まると「うらやましいぞ」とすら言う。実は一角も上野介に対して、家臣でありながら不満を持っていて、討ち入りに参加したかったという思いなのです。それでも、当初は上野介のために壮絶な立ち回りを見せる。

それが最後、上野介がどこにいるかなかなか見つからないとなったときに、上野介が隠れている場への抜け穴を教えるのが、なんと清水一角なのです。つまり主君を裏切ったのです。そして上野介が死んだと聞いてホッとして死んでいく。

松竹は松竹で、二作あってそれが全く異なる作りになっています。片や公開当時の時代状況を意識した内容で、片や江戸時代からの「仮名手本忠臣蔵」を踏襲した内容。その価値観は正反対です。

一方でこの二作品に共通する特徴もあります。それは、徹底して赤穂側の視点から描かれているということです。それと対峙する吉良や上杉側がほとんど描かれていません。上杉方が担うのは大石との頭脳戦、つまり中盤以降のアクションやサスペンスです。そうした要素はバッサリと切って、悲恋や別れといった泣かせるドラマ性を中心に据えているということになります。

チャンバラ時代劇が得意な東映に対し、松竹は文芸作品を得意としていました。そうした特性の違いが、「忠臣蔵」へのアプローチにも出ているわけです。

③『忠臣蔵』（一九五八年、大映、渡辺邦男監督）

《概略》

一九五〇年代、東映、松竹と並んで数多くの時代劇を作っていたのが大映です。大映は『羅生門《らしょうもん》』『地獄門《じごくもん》』といった海外の映画祭でグランプリを受賞した作品を撮っていたことから「グランプリの大映」を自称、その高い技術力を大きな売りにしていました。そうした中で、戦前からのトップスターである長谷川一夫に加えて五四年にデビューした市川雷蔵《いちかわらいぞう》も大人気となり、その同期の勝新太郎《かつしんたろう》も評価を上げてきた。さらに松竹から鶴田浩二も移籍。こうしてスターの陣容が固まってきたことで、「忠臣蔵」の製作に乗り出すことになります。

製作発表の場で大映の製作本部長である松山英夫《まつやまひでお》は次のように言っています。

「大映は創立十八年を迎え、日本の映画界で一番たくさんの人気スタアを持つている会社になつたので、この時こそ『忠臣蔵』の映画化を決定したのです。百九名に及ぶ大キャストを編成出来たこの大映の『忠臣蔵』は、配役、内容、スケール、興味、あらゆる点で未曾有《みぞう》のものであると信じています」（『近代映画　臨時増刊　忠臣蔵特集号』より）

まさにその言葉の通り、大映の総力を結集したオールスター「忠臣蔵」となりました。

《特徴》

大映時代劇の高い技術力を特に象徴するのは、セットです。豪華絢爛というよりは、リアルで重厚。床が黒光りして、柱も太い。そうした大映の美術の凄みは、本作でも発揮されています。重厚さはもちろん、屛風や襖絵の一つ一つが細かく描きこまれており、東映の華美さとはまた異なる魅力があります。

ただ、基本的には時間をかけてじっくりと一本の作品を撮ることに定評のある大映ですが、自社のスターの大半を出演させているためスケジュールの確保には困難があったようです。そのため「早撮りの名手」と呼ばれる渡辺邦男《わたなべくにお》監督を招聘。わずか三十五日で撮り終えています。

それだけ豪華キャストにこだわった作品だったのです。実際、大映の主演級は全てといっていいほどキャスティングされる豪華さになっています。

《キャスティング》

大石内蔵助は大映のトップスター・長谷川一夫です。徹底して泰然自若、声も目線も態度もとにかく重々しい。多くを語ることはないのですが、その威圧感がカリスマ性の源泉になっていました。

この作品が面白いのは、キャスティングのクレジットが松竹の『大忠臣蔵』と同じで、大石内蔵助が一枚看板で出てこないことです。長谷川一夫に加え、勝新太郎、鶴田浩二、市川雷蔵という次世代の三名のスターも同列で出ているのです。

勝新太郎は赤垣源蔵、鶴田浩二は岡野金右衛門、そして市川雷蔵は浅野内匠頭を演じています。勝新太郎は豪傑、鶴田浩二は二枚目の切れ者、市川雷蔵は貴公子と、それぞれのスターとしてのイメージに即した配役でした。

女優陣も勢ぞろいしています。「るい」という千坂兵部の軍師であり、スパイとして大石内蔵助に近づくオリジナルの役柄があるのですが、これを京マチ子が演じています。それから瑤泉院を山本富士子《やまもとふじこ》、浮橋太夫を木暮美千代、大石りくを淡島千景。岡野金右衛門の恋人になる大工の娘のお鈴を若尾文子《わかおあやこ》が演じています。この五大女優も同列でクレジットされています。

その次には吉良上野介を演じる滝沢修、多門伝八郎を演じる黒川弥太郎《くろかわやたろう》、上杉綱憲を演じる船越英二《ふなこしえいじ》、勝田新左衛門《かつたしんざえもん》を演じる川崎敬三《かわさきけいぞう》、千坂兵部を演じる小沢栄太郎、大竹重兵衛《おおたけじゅうべえ》を演じる志村喬《しむらたかし》、垣見五郎兵衛を演じる二代目中村鴈治郎《なかむらがんじろう》という、大物七名がこれも同列でクレジット。

これは小さい扱いというよりは、あえて一枚の中にトップスターたちを一堂にズラッと並べることで、「これだけたくさんのスターが集められていますよ！」という豪華さのアピールになっています。

さらに脇坂淡路守を菅原謙二《すがわらけんじ》、大石主税が川口浩《かわぐちひろし》、戸田局《とだのつぼね》を三益愛子《みますあいこ》という、大映のスターたちが演じています。この三人に船越英二と川崎敬三を加えた五人は時代劇ではなく現代劇のスターです。大映は東映と同じで、東京にも撮影所があり、そこで現代劇を撮っている。彼らはそのスターたちでした。

つまり京都の時代劇で活躍するスターだけでなく、東京の現代劇のスターも加わり、全社をあげた企画だということがよくわかります。

《内容》

渡辺邦男監督が「ひねくれた解釈なしに、誰にでもよくわかり、面白く観られる、いうなれば『講談忠臣蔵』を作りたいと思っている」(『近代映画　臨時増刊　忠臣蔵特集号』より)と言う通り、オーソドックスで分かりやすい内容になっています。

物語はとにかくスピーディーに展開していきます。有名な見せ場を次々と盛り込みつつ、それでいてオリジナルの要素も入れてただ単に有名な見せ場をつぎはぎしただけではない、映画的な盛り上がりも見せている。それだけに作品としての完成度は高いです。

上野介の嫌がらせも、畳替えに当日のドレスコード問題にと、主だったエピソードは盛り込まれています。それでいて、三〇分ほどで終わる。

刃傷までは駆け足ぎみなのですが、この後の多門伝八郎の見せ場が多いのも特徴です。通常は内匠頭の尋問だけで終わるのですが、本作では上野介にも尋問しているのです。つまり、どちらの言い分に分があるか――という、裁判劇的な面白みもあります。本作では多門は他にも大活躍で、赤穂城の明け渡しも彼が担当しますし、岡野金右衛門ら江戸の浪士たちの生活の面倒まで見ています。

そして、大石の最初の見せ場である大評定ですが、これも通常と異なっているのです。この大評定、当初の段階では大石内蔵助は参加していません。大評定に自身は参加していないのに、最終的にはその狙い通りに藩士たちが自主的に血判を押している。何もせずとも人を動かしてしまうという、大人物ぶりが伝わります。

それは「討ち入り」の決定においても同じで、「討ち入りをする」という言葉を使わずに、「吉良上野介は生きている」という一言のみ。それでも、この時の長谷川一夫の鋭い目つきで全てが伝わってしまうのです。そのため大評定のシーンは一〇分しかありません。

それから祇園のくだりになります。この場面、映像作品だとダレてしまいがちなのですが、本作ではそうならない工夫がしてあります。

遊興三昧の内蔵助は山科の屋敷にまで、浮橋をはじめとする祇園の芸者衆をずらずらと連れていく。それで、りくに向かって「この女を身請けする」とまで言い切る。これを聞いて、りくには泣かれ、母・たか（東山千栄子《ひがしやまちえこ》）にはなじられます。

その母が内蔵助の真意に気づいて謝る。そして、母子の別れになっていきます。通常、ここではりくとの別れの芝居になるのですが、そうではなく母との別れにしているのが珍しいところです。当時、大映は三益愛子を主演にした「母もの」シリーズがヒットしていまして、母子の愛情を描くと観客が喜ぶ――という方程式がありました。それがここにも反映されているのです。他にも浪士たちと母親との別れの場面はいくつか登場します。

それから、この祇園のくだりで上杉の刺客・るいも登場。大石を殺すという使命があるのに、大石に惹《ひ》かれてしまい手を出せない。こうした作劇の工夫をしながら、退屈になりがちな祇園のくだりをドラマチックに盛り上げていったのです。

赤垣源蔵のエピソードや、勝田新左衛門（川崎敬三）が義父（志村喬）になじられる芝居、東下りの芝居を経て大石は江戸入りします。ここまでの時間経過、なんとわずか九〇分です。いかにスピーディーに描いているのがよく分かると思います。

本作は全てで一六五分あるのですが、残り七五分が実は江戸編になります。たいていの映画は、江戸入りしたらすぐに南部坂を経て討ち入りになることが多いですから、この構成は珍しい。

では、その江戸編は何が描かれるかというと、まずは岡野金右衛門の絵図面をめぐるラブストーリーの話。それから矢頭《やとう》右衛門七《えもしち》と母親との別れの芝居。そして千坂兵部と大石内蔵助の間で繰り広げられる読み合い——。ここでは、大石内蔵助に惹かれてしまい役目を果たせないるいの葛藤が描かれています。情と非情、定番とオリジナルを交えながら討ち入りへの緊迫感が高まっていきます。

それから、吉良邸の描き方も従来と異なります。通常は吉良家の侍はたいして強くないのですが、今回の吉良侍は一筋縄ではいきません。赤穂藩からの討ち入りを警戒するあまり、少しでも怪しい通行人がいたら片っ端から拉致《らち》して、屋敷内で拷問をするのです。そのため、屋敷内には阿鼻叫喚《あびきょうかん》が響き渡る。

ラストシーンもまた、この作品ならではのものになっています。

討ち入りを終えて練り歩く四十七士が両国橋を渡ろうとすると、そこに多門伝八郎が待ち構えている。そして、永代橋を渡って泉岳寺に向かうように言うわけですが、この時の四十七士の先頭にいるのが大石に加えて赤垣源蔵と岡野金右衛門なのです。本来の浅野家中の格からするともっと後ろにいないといけないのですが、演じているのが両スターですからね。長谷川、鶴田、勝の豪華3ショットをここで見せて締めようという狙いが伝わります。

④『忠臣蔵　花の巻　雪の巻』（一九六二年、東宝、稲垣浩監督）

《概略》

日本映画の黄金時代ともいえる時期の最後となる「忠臣蔵」を作ったのは、東宝でした。

当時の東宝は大作主義路線を敷き、それによって、時代劇を量産していた東映から映画興行の覇権を奪っていきます。その先兵として六一年のゴールデンウィークに黒澤明《くろさわあきら》監督の『用心棒』を公開、これまでの時代劇と異なるリアルで激しい刺激に満ちた作品に多くの観客は喝

『忠臣蔵　花の巻　雪の巻』／DVD発売中／発売・販売元：東宝

采をおくり、様式的な東映時代劇は色あせていってしまいます。さらに夏に『モスラ』、秋に『世界大戦争』という特撮超大作を送り出す。そして六二年も正月に『用心棒』の続編である『椿三十郎《つばきさんじゅうろう》』、夏は『キングコング対ゴジラ』。いずれも空前のヒットとなり、時代劇が一気に低迷した東映を抜き去り、東宝の覇権は確立されることになります。

こうした流れを経て、この年の最後に東宝三十周年記念作品として堂々と出てきたのが、この『忠臣蔵　花の巻　雪の巻』でした。東宝の大作主義が東映に勝利した覇権の象徴としての超大作——という意味合いもあったのです。

《特徴》

まず特徴的なのは伊福部昭《いふくべあきら》の音楽です。『ゴジラ』などの怪獣特撮映画で知られる作曲家ですが、まさにその伊福部調は本作でも同じなのです。そのため、討ち入りの場面では四十七士や小林平八郎が怪獣に思えてきたりもします。

それから、東宝が総力を結集した作品だけあり、セットは巨大で豪華。衣装はカラフル。映画全盛期の最後の輝きを見せてくれます。

《キャスティング》

大石内蔵助は五四年の松竹版に続いて八代目松本幸四郎が演じています。この時期の東宝の時代劇なら三船敏郎が圧倒的なスターなので彼こそふさわしいと思うところですし、当時は実際にそうした声もありました。

ただ、この時の東宝は歌舞伎興行に乗り出していて、そのために幸四郎を筆頭とする高麗屋《こうらいや》の一党を松竹から引き抜いているのです。その論功行賞的な意味合いもあり、大石に配役されることになります。幸四郎の演じる大石は松竹版の時と同じく、たおやかで柔らかく、基本的には低姿勢でした。

一方の浅野内匠頭は、東宝の若手スターの筆頭にいた加山雄三《かやまゆうぞう》です。「正しさ」にこだわりすぎた「潔癖なお坊ちゃま」という、加山らしい設定になっています。上野介の嫌がらせに対しても、通常は苦しみ、嘆き悲しむということになりますが、本作はそうでもありません。ビクともせずに己を貫き通す、ヒロイックな内匠頭でした。

一方の吉良上野介は八代目市川中車《いちかわちゅうしゃ》。権力には徹底的に媚《こ》び、内匠頭には嫌み三昧という最低の憎々しい男として登場します。とにかく目先の欲に目がなく、年を取ってもギラついている。賄賂が大好きで、付け届けが来たと聞いたらニコニコしてそこに飛んでいく。そして、浅野から来た賄賂が質素なものだったら露骨にがっかりする。「欲というものがなくなってては人間の値打ちがない」「欲の道を極める」と言い切る、極端なキャラクターになっていました。
四十七士の中にも、東宝のスターが数多く入っています。堀部安兵衛を三橋達也《みはしたつや》、高田郡兵衛を宝田明《たからだあきら》、岡野金右衛門を夏木陽介《なつきようすけ》、不破数右衛門を佐藤允《さとうまこと》、寺坂吉右衛門を加東大介《かとうだいすけ》、大高源五を小泉博《こいずみひろし》。当時の東宝の中堅、若手のスターたちは基本的には四十七士に配役されています。

一方でもう一つ上のランクの大物たちは、スターらしく周辺人物を演じて、短いながらも見せ場を作っています。俵星玄蕃を三船敏郎、脇坂淡路守を小林桂樹《こばやしけいじゅ》、千坂兵部を志村喬、土屋主税を池部良、大工の平五郎《へいごろう》をフランキー堺、祇園の男芸者を三木のり平、多門伝八郎に有島一郎《ありしまいちろう》、梶川与惣兵衛に藤田進《ふじたすすむ》。それから通常は立花左近の役割を、ここではその宿の主人が担っています。それを演じるのが森繁久彌。

それから女優陣も豪華。妻のりくが原節子——これが映画最後の出演になります。瑤泉院に司葉子、お軽《かる》に団令子《だんれいこ》、浮橋太夫が新珠美千代、それから岡野金右衛門と恋仲になる大工の妹に星由里子《ほしゆりこ》。それから珍しいのは、吉良上野介の正妻も出てくることです。それを沢村貞子が演じています。夫を冷めた目で見ているのが印象的です。戸田局を草笛光子《くさぶえみつこ》。間者として吉良屋敷に潜入して、上野介からセクハラを受ける佐保《さほ》という役を水野久美《みずのくみ》。高田郡兵衛を誘惑するお文という女性を池内淳子《いけうちじゅんこ》。

さらに今の松本白鸚である市川染五郎《いちかわそめごろう》は松竹の『大忠臣蔵』に続いて矢頭右衛門七、今の吉右衛門《きちえもん》である中村萬之助《なかむらまんのすけ》は萱野三平――と、八代目幸四郎の二人の息子たちも大活躍しています。

《内容》

「真説を無視せず、俗説をあなどらず、歌舞伎の幻想を生かし、又忠臣蔵物語をまったく知らぬ若い人たちにも理解なっとくの出来るものに仕上げたいと考えている」

本作のパンフレットで稲垣浩《いながきひろし》監督が述べているように、本作は定番のエピソードと、それを独自にアレンジしたエピソードとを合わせて、それぞれ個々に丁寧に描く――という構成です。そのため、三時間半にも及ぶ超大作になっています。

本作は、上野介が内匠頭に嫌がらせをするきっかけに新説が採用されています。それは塩田開発をめぐる確執です。この説は後のテレビ時代になってから一つの大きな潮流となるのですが、映像作品としては本作がその最初でした。浅野家が良い塩を作り繁盛しているので、上野介としてはその技法を知りたい。それを内匠頭が断る。そのために上野介は内匠頭に遺恨をもつのですが、その内匠頭が今度は上野介の大好きな賄賂をくれない。そのために上野介は内匠頭を憎々しく思う――となっていくわけです。

それから、「おかる勘平」のエピソードもこれまでと異なるものになっています。早野勘平——本作では史実通り萱野三平という役名になっていますが——は江戸での変事を知らせる使者として赤穂へ急ぎ向かいます。その際、街道にて馬で老婆をはねてしまう。が、急いでいるために介抱ができず、老婆は命を落とす。三平はそのことで思い悩みます。

香典だけは届けていて、そこに記された住所を見て「母の仇《かたき》」として若い侍がやってくる。三平もそれを受け入れます。が、一つだけ気にかかることがある。それは、果たして大石は討ち入りをする気があるのか否か。

そこで、三平は祇園で遊ぶ大石を訪ねます。その三平の覚悟のほどを見て、大石は「これまで迷っていたが、吉良を討つことにした」と決意を固めるのです。そして、三平は仇として討たれる。八代目幸四郎と今の吉右衛門、実の父子同士の熱い芝居で魅せてくれます。

後半の江戸編は、高田郡兵衛や岡野金右衛門の恋愛模様、俵星玄蕃と堀部安兵衛のちょっとした行き違いからの一騎打ち、それから南部坂雪の別れや郡兵衛の脱落といった定番の見せ場を経て討ち入りへ向かっていきます。

ここでも、珍しい展開が一つ入ります。四十七士が蕎麦屋の二階でいよいよ討ち入りの準備をしていると、思ったより人数が集まってこない。果たして、未着の面々は来るのか——とじれる一同。それに対して大石は「脱落も一つの勇気だ。我々よりも長く苦しまなければなりません」と言う。脱落した面々を慮り、救いを与えているのです。

その脱落者の中に、寺坂吉右衛門もいます。彼は蕎麦屋へ向かうのですが、途中で病のために倒れ込んでしまう。そして、助けてくれた人に「行く気はあったと伝えてほしい」と頼むのですが、誰にそれを伝えればいいのか。大石の名を言うことができません。言うと、そこから討ち入りの計画が露見する恐れがあります。そして、無念の中で息を引き取ります。これを演じる加東大介が実に切ない。

最後は討ち入りとなるのですが、これはなんと喜劇調。吉良家の用人、松原多仲《まつばらたちゅう》を喜劇役者の益田喜頓《ますだきいとん》が演じていますが、討ち入りとなり彼は逃げ出します。台所にたどりつくと、大きな竈《かまど》がある。竈は三つあるのですが、まず最初の竈の下を開けると既に人がいて、蓋《ふた》を閉める。次のを開けると、またそこに人がいる。仕方がないので、ご飯を炊く大きな釜を開けてそこに入ると、水が張ってあってザブーンとあふれてしまう。そのために、赤穂浪士に見つかってしまうというコミカルな展開になっていました。

吉良上野介がなかなか見つからず、どうしようか——という時は、大石を中心に四十七士が車座で集まって話し合って決めるという、民主的な手段が採られているのも、最もアメリカナイズされた東宝らしいといえます。

D　その後の二本

一九六〇年代半ばから映画界は凋落傾向にあり、また時代劇も観客は入らなくなります。そのため、各映画会社ともに「忠臣蔵」を作る体力はなくなっていました。時代劇の主戦場はテレビに移り、そこで数々のオールスター「忠臣蔵」が作られる一方、映画では長らく作られなくなります。

そうした中で、七〇年代以降に二本だけオールスター「忠臣蔵」が作られています。ここでは、その二本を紹介します。

①『赤穂城断絶』（一九七八年、東映、深作欣二監督）

《概略》

六〇年代半ばから時代劇の主戦場はテレビに映り、映画での製作は激減します。そうした中、東映はやくざ映画に活路を見出し、不況下の映画界を生き抜きます。が、七〇年代半ばになるとそれも低迷してしまいます。

一方、テレビの時代劇は大人気で、東映もそちらにシフトしていきます。そして、多くの撮影現場が入って賑わう時代劇のオープンセットを「東映太秦《うずまさ》映画村」として有料開放したところ、これに多くの観光客がやってくることになったのです。

こうした流れを受けて、東映は映画でも時代劇の復興を目指しました。映画村からの資金が入るため、大作を作ることが可能になっていたという情報もあります。そして七八年に作られた『柳生一族の陰謀』で時代劇映画を再開したのです。『柳生一族』の大ヒットを受けて製作されたのが本作でした。「東映は映画でも再び「忠臣蔵」を作れるようになった」という宣言でもあったのです。

深作欣二《ふかさくきんじ》が監督、萬屋錦之介が大石と、『柳生一族』と同じ監督＝主演の組み合わせになっています。

《特徴》

深作欣二の演出の大きな特徴は、一つの画面の中に数多くの人間たちがひしめき合っていることです。そして、後ろのさらに奥、画面の隅々まで、そこに映る俳優の全てが思い思いに熱演をしている。そのことでもたらされる異様な熱気が画面に迫力を生むのです。『仁義なき戦い』シリーズなどで効果を発揮したこの演出を「忠臣蔵」にも持ち込みます。

その結果、刃傷事件から討ち入りまでの激動と混乱を活写した一方、大評定など大石の見せ場でもその演出をしているため、錦之介の大熱演があまり目立たない結果になりました。

《キャスティング》

萬屋錦之介の演じる大石はいつも落ち着いた口調、抑えた口跡で泰然自若。正統派の大石の芝居をしています。その一方で、早くに本心を明かすなど腹芸はあまりせず、「静かなる武闘派」という趣があります。

浅野内匠頭は西郷輝彦《さいごうてるひこ》。出番はあまりありませんが、松の廊下にあっては耐えてから抜く——という展開ではなく、いきなり切れて斬りかかっています。

吉良上野介は金子《かねこ》信雄《のぶお》。『仁義なき戦い』の狡猾《こうかつ》な親分役の時と同様、飄々とした中に憎々しさを出していました。

前半の主人公的な役割を果たすのは多門伝八郎で、これを松方弘樹が演じています。内匠頭に尋問した上で幕府重役に公正な裁定を申し出る。折り目正しい芝居により、ヒロイックな多門像を見せています。

その多門の申し出を無下に却下する柳沢吉保に丹波哲郎。重々しい芝居により頑として動かない強敵感がある一方、大石の真意を早い段階で読み取る切れ者ぶりを見せています。

赤穂藩士の中では、まず不破数右衛門を演じる千葉真一が目立ちます。汚い身なりでいながら腕は立つ、まさに豪傑のキャラクターです。それから、橋本平左衛門《はしもとへいざえもん》という浪士に近藤正臣《こんどうまさおみ》。主戦派と脱落者、双方のポジションを一人で請け負う、重要な役割になっていました。吉良方では、小林平八郎を渡瀬恒彦が演じており、大石暗殺に向けて冷たい殺気を放っています。

女優陣も、瑤泉院に三田佳子《みたよしこ》、りくに岡田茉莉子、浮橋に江波杏子《えなみきょうこ》と、豪華な面々が揃います。それから土屋主税は三船敏郎です。

《内容》

基本的には刃傷事件から討ち入りまでの流れはオーソドックスです。が、大評定を除く（これも不完全な映され方でした）と、大石の見せ場はあまりありません。東下りも、南部坂もない。

祇園でも、小林平八郎による大石暗殺に向けての動きが同時進行になっていて、殺気がみなぎる場面になっていました。そして、討ち入りを断念させるために大石を訪ねた大野九郎兵衛（藤岡琢也）が小林に誤って斬殺されてしまう。その一方、江戸の急進派による吉良暗殺未遂事件に長く時間が割かれるなど、深作らしいやくざ映画的な場面が随所に見られます。

この暗殺失敗時に橋本平左衛門は足に大けがを負ってしまいます。そして、終盤になるとそのために酒に溺れ、ボロボロになっていく。その妻・はつ（原田《はらだ》美枝子《みえこ》）は女郎として体を売っていました。そして、夫婦は最後に破滅的な結末を迎えることになるのです。大石や他の浪士たちを差し置いて、この新左衛門のドラマを際立たせているところに、英雄物語よりも落ちていく者に心情を寄せる深作の視線がうかがえます。

討ち入りの場面も深作らしさがさく裂しています。四十七士の前に立ちはだかる小林平八郎は圧倒的な強さで誰も寄せ付けません。その前に現れるのが、不破数右衛門。そして、両者の決闘が始まります。

千葉真一VS渡瀬恒彦。どちらもアクションに秀でたスター同士の激闘が繰り広げられるのですが、その間、他の浪士も吉良方の侍も、ほとんど映りません。まるで二人しかいないような吉良邸で、七分間にもわたってド迫力の斬り合いが展開されるのです。

――といった具合に、全編にわたって深作色が濃厚に出た、動的な「忠臣蔵」になっています。が、その一方で内匠頭の切腹は様式的な美しさで撮っておりますし、最後もまた大石の切腹を荘厳に撮って終えている。深作の中で方向性が定まっていないまま臨んでしまった作品だったのです。また、ようやく回ってきた東映での大石役にもかかわらず、見せ場があまりなく終わった錦之介も不完全燃焼でした。

錦之介にも深作にも不満が残る内容だったのです。それを受けて両者とも、後に自身のやりたい「忠臣蔵」を実現することになりますが、それはまた後で述べます。

②『四十七人の刺客』（一九九四年、東宝、市川崑監督）

《概略》

現時点では、最後のオールスター「忠臣蔵」映画です。八〇年代以降、テレビでは数多くの「忠臣蔵」が作られていましたが、映画では『赤穂城断絶』以降は再び作られなくなっていました。

そして、九〇年代前半には日本映画は大低迷期に陥ります。

「忠臣蔵」は「隆盛の誇示」という側面があるのは何度も述べてきましたが、その昔、舞台の頃は「独参湯《どくじんとう》」つまり「どれだけお客が入らなくとも、忠臣蔵をやると満席になる」という法則もありました。今回は、まさにそうでした。「映画百年」に合わせ、当時の日本映画の総力を結集して「忠臣蔵」を作り、低迷する状況のカンフル剤にしようとしたのです。

『四十七人の刺客』／DVD発売中／発売・販売元：東宝

《特徴》

タイトルが示す通り、四十七士は「義士」でも「浪士」でもなく、「刺客」という位置づけになっています。つまり、いかにして吉良を討ち果たすか。その暗殺者たちという扱いです。その一点に物語の焦点は絞られているのです。

原作者の池宮彰一郎《いけみやしょういちろう》はかつて池上金男《いけがみかねお》名義で『十三人の刺客』（一九六三年、東映）という時代劇映画の脚本を書いていました。これは、選ばれた十三人の侍たちが一人の暴君を討つために闘う暗殺劇。本作は「忠臣蔵」をその視点で描き、吉良殺害というミッションを遂行するためのスリリングな展開になっていきます。

最も大きな特徴は吉良邸です。「刺客」たちを迎え撃つために吉良邸は要塞《ようさい》として改築され、中庭は迷路になっていたり、塀を越えた先は水堀が掘られていたり、邸内にもさまざまな仕掛けが施されていたり——と、大石たちを苦しめることになるのです。

ただ、監督は市川崑《いちかわこん》なだけに、そうした任務遂行劇であってもクールで淡々としたタッチの演出が貫かれる一方、自然の情感あふれる映像美で撮っており、サスペンス性は弱まっています。企画自体の狙いと映像がミスマッチの感がありました。

《キャスティング》
大石を演じるのは当時、国民的スターだった高倉健です。多くを語らず、朴訥《ぼくとつ》として武骨な人物として演じます。その一方、さまざまな謀略を次々と打っていく策士ぶりを見せつけ、その際にはその目に殺気をみなぎらせていました。

内匠頭の出番はほとんどなく、「吉良が嫌がらせをした」という描写――どころか、なぜ内匠頭が刃傷に及んだのか、その理由は全く明かされていません。そのため、上野介を西村《にしむら》晃《こう》が演じていますがあまり悪役という感じはしないのです。終盤になるとむしろ可哀そうな気すらしてきます。

代わりに、悪役としての役割を担うのが中井貴一の演じる色部又四郎です。従来は大石たちに心情を寄せながらも上杉家のために対峙することになる――という設定になっていましたが、今回は大石に激しい敵対心を燃やして立ちはだかります。柳沢吉保に浅野内匠頭への厳しい処断を献策したのも色部という設定で、大石たちの憎しみを一身に受けることになるのです。中井は顔を白く塗り、「冷淡な悪役」に徹していました。

その色部と組んで悪巧みをする柳沢吉保に石坂浩二。大河ドラマ『元禄太平記』の時と同じく傲慢な権力者として演じていますが、一方で大石の策略に右往左往して最後は色部に全て投げるという小物ぶりも見せています。

そして、通常は色部が大石と対峙する時は千坂兵部は出てこないのですが、今回は色部の後ろ盾として登場しているのも特徴です。これを演じるのは森繁久彌。自らの才を過信する色部を諭す、百戦錬磨の策士として大石と対峙することになります。

《内容》

先に述べましたように、なぜ内匠頭が上野介に斬りつけることになったのか、その理由は劇中では明らかにされません。そのため、大石は上野介への恨みはないのです。あるのは自分たちをこのような状況に追い込んだ者への怒りのみです。大石は決行を決意するにあたり、「上杉家の武名を地に落とし、将軍家と柳沢吉保の面目を叩き潰す」と言っており、あくまでもターゲットは上杉であり、幕府なのです。上野介を殺すことはそのための手段に過ぎないのです。大石の背景にある心情は個人的な怒りのみ。内匠頭の無念を晴らすためでも、仇討のためでも、幕府に異議申し立てをするためでもありません。

ただ、討ち入りへのプロセスをスムーズに進めるためには、世間を納得させる「大義」が必要だと大石は考えます。そこで、「大義」を後付けで作ることになります。そして大石は「上野介が嫌がらせをしたために内匠頭は刃傷に及んだ」という噂を江戸に振りまき、上野介の評判を落としていくのです。「上野介の嫌がらせ」説は、自分たちを「正義」に置くための大石の策だった――という展開には驚かされます。「理由は後からいくらでも作れる」と言い切る大石には恐ろしさすら覚えます。

決行に際しても「お主たちの命、この大事のために使い捨てる。よいな！」と有無を言わさぬ迫力で宣言、「目的遂行のためには手段を選ばない者」としての大石像が浮き彫りになっていました。

また、暗殺遂行劇がメインであるため「非情」に徹した物語になっており、従来のような見せ場は一切ありません。その代わりに、大石とおかる（宮沢りえ）との恋愛模様が「情」のパートを担うことになります。

吉良邸の討ち入りにあっても、大石は「今宵、吉良を殺す！」「全員、斬って捨てろ！」と直接的な言い回しで指示を下しています。そして最後は、炭小屋に隠れる上野介と対峙。「なぜ内匠頭が斬りつけてきたかの理由を話す。聞けば、きっとワシを許してくれるはず」と持ち掛ける上野介に対し、大石は一言「聞きとうない！」と言い放ち、上野介を斬り伏せるのです。その大量の返り血を大石が浴びるところで、唐突に物語は終わります。「非情な大石」を最後まで徹底した作品でした。

E　テレビの動向

六〇年代以降、時代劇の主戦場は映画からテレビに移り、そこで数多くのオールスター「忠臣蔵」が作られてきました。ここでは、その中で特に主要な作品の概略について解説していきます。

①『赤穂浪士』（一九六四年、ＮＨＫ）

《配役》

大石内蔵助：長谷川一夫、大石りく：山田五十鈴、浅野内匠頭：尾上梅幸、吉良上野介：滝沢修、阿久里：岸田今日子、堀部安兵衛：加藤武、高田郡兵衛：田村高廣、小林平七：芦田伸介、浮橋太夫：越路吹雪、堀田隼人：林与一、蜘蛛の陣十郎：宇野重吉

《概略》

　一九五〇年代、テレビは制作体制や機器がまだ不十分であったことや、受像機の販売台数の少なさ、画質・音質の悪さもあり、映画界からは「電気紙芝居」と揶揄《やゆ》されるほど蔑視《べっし》されていました。それが、高度経済成長を経て関係は逆転、特に時代劇はテレビがメインになっていきます。

　六三年に始まったＮＨＫ大河ドラマはその象徴的な存在といえ、豪華キャストを集めた一時間の連続時代劇を一年にわたって放送してのけたことは、表現手段としてのテレビの成長

発行・発売元：
NHKエンタープライズ
お問い合わせ：NHKエンタープライズ ファミリー倶楽部
電話：0120-255-288

を誇示するものでした。

そして、翌年に作られた『赤穂浪士』はそのさらに上をいきます。映画のトップスターである長谷川一夫をはじめとする映画演劇界の大物たちが続々と出演、しかも映画ではもう作れなくなっていた「忠臣蔵」を一年の連続シリーズとして放送する。このことは、映画からテレビへ時代劇の覇権が移ったことを何より象徴する結果となります。

これが高視聴率をあげたことで、今に至る大河ドラマの歴史にも繫がっていきました。

②『あゝ忠臣蔵』（一九六九年、関西テレビ＝東映）

《配役》

大石内蔵助：山村聰、大石りく：木暮実千代、浅野内匠頭：松方弘樹、吉良上野介：山形勲、阿久里：高田美和、堀部安兵衛：梅宮辰夫、千坂兵部：西村晃、土屋主税：大友柳太朗、毛利小平太：天知茂、おかる：美空ひばり、早野勘平：里見浩太朗

《概略》

東映は早くからテレビ時代劇の制作にも乗り出していましたが、この時は「テレビ・プロダクション」というテレビ専門の子会社に受注させていました。が、時代劇映画に代わって

会社を支えてきた任侠《にんきょう》映画に疲れが見えてきた六〇年代の終わり、京都撮影所本体がテレビ制作に乗り出すようになります。

その第一弾が六八年の『大奥《おおおく》』でした。これが本体の底力を見せつけるような豪華キャストと豪華なセットや衣装をもって高視聴率をあげます。そして、第二弾が本作でした。メジャー映画会社による初の本格的なテレビでの「忠臣蔵」、しかもかつて「忠臣蔵」を最も得意としてきた東映京都の製作。それだけに、生半可な覚悟では臨んでいません。採算を度外視してのキャストと衣装をもって、本場の「忠臣蔵」を見せつけようとしています。

その一方で、当時のテレビ視聴者のメインでもある主婦層への心配りもしてあり、赤穂浪士たちの恋愛模様や浪士たちの生活を支える妻たちのドラマにもかなりの分量が割かれ、映画時代とはまた異なる作りになっています。

③『大忠臣蔵』（一九七一年、NET（現・テレビ朝日）＝三船プロダクション）

《配役》

大石内蔵助：三船敏郎、大石りく：司葉子、浅野内匠頭：尾上菊之助（現・菊五郎）、吉良上野介：八代目市川中車（放送中に死去したため途中から二代目市川小太夫に）、阿久里：佐久間良子、堀部安兵衛：

渡哲也、清水一学：天知茂、千坂兵部：丹波哲郎

《概略》

六〇年代、三船敏郎はプロダクションを設立して映画製作に乗り出します。撮影所に加えて多くのスタッフも抱える大所帯のため、それを賄うためには大作映画を作る外はありません。『風林火山《ふうりんかざん》』などの大ヒット作も出しているのですが、一本が外れると途端に借金を抱える、そんな厳しい状況下での製作でした。

そして、映画界が壊滅状態になった七〇年代に映画製作を諦《あきら》め、定収入を見込めるテレビ制作に乗り出すことになります。その第一弾が本作でした。三船プロの制作力をテレビ界に知らしめるべく、豪華キャストを揃えた一年間の超大作になっています。

また、本作は後に小説家「隆慶一郎《りゅうけいいちろう》」として活躍することになる池田《いけだ》一朗《いちろう》をメイン脚本家に据え、従来の「忠臣蔵」に大胆な脚色を加えます。

見せ場は従来通りに出てくるのですが、そこに至る展開が異なるのです。特に印象的なのは、柳沢吉保の意を受けた柳生の諜報部隊が暗躍、討ち入りの阻止のために大石暗殺計画や浪士たちの離間工作といったさまざまな策略を仕掛けてくる点です。そうした策謀に大石たち浪士たちが立ち向かう展開になっていて、さまざまな有名な見せ場の裏側では実は暗闘が

繰り広げられていた――という、サスペンスフルな内容になっています。

④『赤穂浪士』（一九七九年、テレビ朝日＝東映）

《配役》
大石内蔵助：萬屋錦之介、大石りく：岸田今日子、浅野内匠頭：松平健、吉良上野介：小沢栄太郎、阿久里：松坂慶子、堀部安兵衛：伊吹吾郎、堀田隼人：田村正和、千坂兵部：山村聰、立花左近：三船敏郎、土屋主税：松方弘樹、夕霧太夫：小川真由美

《概略》
初めて東映での大石内蔵助役となった映画『赤穂城断絶』が不満しかない内容だった萬屋錦之介を慮り、東映は資本関係にあったテレビ朝日と組んで本格的な「忠臣蔵」の製作を決定します。それが本作でした。
メイン監督となる澤島忠《さわしまただし》は錦之介とは長年の盟友でしたが、この時は映画を離れて舞台演出専門になっていました。しかし、「いつか一緒に本格的な「忠臣蔵」を撮ろう」という若手時代からの約束を果たすために復帰します。
『赤穂浪士』を原作にして堀田隼人たちの活躍も交えつつも、従来の「忠臣蔵」の見せ場も

一つ一つ丁寧に描いた重厚な作品になっていました。

⑤『忠臣蔵』（一九八五年、日本テレビ＝東映）

《配役》

大石内蔵助：里見浩太朗、大石りく：中野良子、浅野内匠頭：風間杜夫、吉良上野介：森繁久彌、阿久里：多岐川裕美、堀部安兵衛：勝野洋、色部又四郎：丹波哲郎、多門伝八郎：竹脇無我、垣見五郎兵衛：西田敏行、赤垣源蔵：あおい輝彦、毛利小平太：西郷輝彦

《概略》

『太陽にほえろ！』などの刑事ドラマや青春ドラマで鳴らした岡田晋吉《おかだひろきち》プロデューサーは、一方で里見浩太朗主演の『長七郎江戸日記《ちょうしちろう》』にも関わっていました。里見の華やかな衣装や華麗な殺陣に触れたことで、「時代劇は美しくあるべし」と思うようになります。

そして、最も美しく作れる時代劇として「忠臣蔵」の企画が浮上しました。当初は連続シリーズとして撮るはずでしたが、日本テレビの幹部に拒否されてしまいます。代わりに用意されたのが、年末の紅白歌合戦の裏番組の枠でした。相手は国民的人気番組なので厳しい闘いが予想されましたが、そこであえて奇をてらわずにこれまでの見せ場を詰め込んだ直球の

「忠臣蔵」で勝負します。その結果、紅白歌合戦の裏番組史上最高の視聴率を獲得することになったのです。

本作では、ここ一番の見せ場ではほとんど必ず堀内孝雄《ほりうちたかお》が切々と歌い上げる主題歌が流れます。それと俳優たちの大熱演が合わさることで、物語をよく理解できていなくとも泣けてしまう。そのため、「忠臣蔵」にあまり慣れていない若い視聴者層にも受け入れられることになりました。

この手法は翌年の『白虎隊《びゃっこたい》』でさらに強調され、毎年の年末に「滅びの美学を謳《うた》い上げる時代劇枠」として定着していきます。

⑥『大忠臣蔵』（一九八九年、テレビ東京＝松竹）

《配役》

大石内蔵助：九代目松本幸四郎（現・白鸚）、大石りく：岩下志麻、浅野内匠頭：近藤正臣、吉良上野介：芦田伸介、大野九郎兵衛：藤田まこと、色部又四郎：高橋悦史、山吉新八郎：村上弘明、垣見五郎兵衛：片岡孝夫（現・仁左衛門）、松平綱豊：中村吉右衛門

《概略》

テレビ東京開局二五周年と歌舞伎座百年を記念して、松竹がテレビ東京の正月十二時間ドラマ枠で製作したのが本作です。松竹としてはこれまでこの枠を担ってきた東映に代わっての初の作品なだけに、力の入れようは生半可なものではありませんでした。

配役では、当代の人気歌舞伎俳優たちを一堂に揃えたことに加え、松竹の看板時代劇である「必殺」シリーズから藤田《ふじた》まこと、村上弘明《むらかみひろあき》が出演、さらに大河ドラマ以外のテレビ時代劇にはあまり出てこなかったかつての松竹の看板女優・岩下志麻《いわしたしま》まで顔を揃え、まさに「松竹オールスター」という陣容で臨んでいます。

歌舞伎俳優たちが総出演しているので、従来通りの「忠臣蔵」の魅力もたっぷりと描いていますが、それだけではありません。吉良方のドラマも描き込まれている森村誠一《もりむらせいいち》の『忠臣蔵』を原作にしたことにより、吉良・上杉サイドの動きも詳細に掘り下げられています。そして、「必殺」シリーズのエースだった工藤栄一《くどうえいいち》監督が、自身のクレジットが出ていないエピソードも含めて殺陣の演出の大半を担当。討ち入りをはじめとする両サイドの死闘を「必殺」さながらのスタイリッシュで迫力ある演出をもって、息詰まる攻防戦に仕上げていきました。

⑦『忠臣蔵 風の巻 雲の巻』(一九九一年、フジテレビ)

《配役》
大石内蔵助：仲代達矢、大石りく：山本陽子、浅野内匠頭：中井貴一、吉良上野介：大滝秀治、阿久里：古手川祐子、堀部安兵衛：地井武男、多門伝八郎：夏八木勲、脇坂淡路守：北大路欣也、土屋主税：古谷一行、垣見五郎兵衛：中村梅之助、赤垣源蔵：渡辺謙

《概略》
九〇年代前半、テレビ時代劇は活況を迎えます。バブルの崩壊後もまだ大企業には体力がありましたが、投資先が減っていた。そのため、テレビ番組のスポンサーになっていったのです。潤沢な予算を得て、各局とも年末年始や期末期首にスペシャル時代劇を作るようになっていきます。「忠臣蔵」も毎年のようにどこかしらのテレビ局が作るようになりました。それだけテレビ時代劇が隆盛だったということです。

本作も、そうした流れで作られた一本でした。ただ、他の民放の「忠臣蔵」と大きく異なる点があります。それは、東映や松竹といった映画会社に製作を任せず、フジテレビ自身が作っているという点です。

かつては『三匹の侍』など自社制作の時代劇もあったのですが、映画会社に任せるようになったことで、世代の空洞ができてしまっていました。そのことを危惧《きぐ》したフジテレビの能村庸一《むらよういち》プロデューサーはあえて時代劇に不慣れな自局のスタッフたちの手で作らせたのです。「忠臣蔵」は時代劇作りに必要なあらゆる要素が詰まっているので、その制作を通して新たにノウハウを蓄積できる——という考えによるものでした。また、資金的に余裕のある今だからこそできるという計算もありました。

未来への投資としての意味合いのある作品でもあったのです。

⑧『忠臣蔵』（一九九六年、フジテレビ=東映）

《配役》
大石内蔵助：北大路欣也、大石りく：梶芽衣子、浅野内匠頭：緒形直人、吉良上野介：平幹二朗、堀部安兵衛：世良公則、脇坂淡路守：渡辺謙、垣見五郎兵衛：藤田まこと、天野屋利兵衛：丹波哲郎、土屋主税：中村梅之助、寺坂吉右衛門：寺尾聰、上杉綱憲：中村獅童

《概略》
この時期、「忠臣蔵」は新解釈ものが主流となっていて、「いかに新解釈するか」が売りに

なっていました。特に、TBSのビートたけし版『忠臣蔵』や映画『四十七人の刺客』は、これまでの大石像、「忠臣蔵」像とは大きくかけ離れた内容になっています。

フジテレビの能村庸一プロデューサーは、そうした状況に大きな不満がありました。「忠臣蔵はオーソドックスに限る」というモットーがあったのです。実際、八〇年代以降に作られた新解釈の「忠臣蔵」は必ずしも芳しい成績は挙げられていません。

そこで能村プロデューサーは、「これぞ王道の「忠臣蔵」」という作品を、それを最も得意としてきた東映京都と組んで製作することになります。新解釈を全く入れず、長きにわたり人々に愛されてきた「忠臣蔵」のドラマを当代のオールスターキャストをもって真っ正面から描く。見せ場の数々も、脚色をほとんど交えずに余すことなく盛り込んでいます。

そして同時にそれは、「昔ながらの重厚な忠臣蔵」を作れた、最後の輝きでもありました。

⑨『忠臣蔵　その男、大石内蔵助』（二〇一〇年、テレビ朝日＝東映）

《配役》

大石内蔵助：田村正和、大石りく：岩下志麻、浅野内匠頭：玉山鉄二、吉良上野介：西田敏行、阿久里：檀れい、浮橋太夫：石田ゆり子、戸田局：梶芽衣子、多門伝八郎：永島敏行、堀部安兵衛：小澤征悦、立花左近：北大路欣也、土屋主税：松平健

《概略》

一九九〇年代後半からテレビでも退潮を始めた時代劇は、二〇〇〇年代前半には壊滅状態になり、一〇年代は見る影もなくなります。そうした中にあって孤軍奮闘していたのが、田村正和でした。時代劇スターだった父・阪東妻三郎の遺志を受け継いでのものなのか、当人に時代劇への強い愛着があったためなのか、今となっては知ることはできませんが――この時期、田村は毎年のようにスペシャル時代劇に主演し続けます。

時代劇に消極的なテレビ局も田村正和が主演なら――ということで、特例的に作っていました。そうした流れの中で作られたのが本作です。可能な限り当代の大物俳優たちを集め、有名な見せ場も可能な限り盛り込んだ内容になっています。

これが、現時点での最後のオールスター「忠臣蔵」です。

第五章　外伝の魅力

大石内蔵助を主人公にした「本伝」といえる物語の他にも、「忠臣蔵」にはさまざまなバリエーションがあります。最後に本章でそうした作品についてご紹介します。

A　外伝名作五選

まずは「外伝」。つまり、赤穂藩士でない人物たちが赤穂事件に巻き込まれていく物語です。ここでは、その中でも特にユニークな作品を五本ご紹介します。

①『薄桜記』（一九五九年、大映、森一生監督）

まずは、一九五九年に作られた映画『薄桜記《はくおうき》』（森一生《もりかずお》監督）。小説家・五味《ごみ》康祐《こうすけ》という作家が書いた小説が原作になっていますが、その内容は大きく脚色されています。

これは中山安兵衛――後の堀部安兵衛による「高田馬場の決闘」の後日談です。「高田馬場の決闘」も「忠臣蔵」のスピンオフとすると、これはそのスピンオフのさらなるスピンオフの作品といえます。

中山安兵衛と剣友になる丹下《たんげ》典膳《てんぜん》という剣客が主人公です。映画では典膳を市川雷蔵、安兵衛を勝新太郎が演じています。

冒頭の「高田馬場の決闘」で安兵衛が仇討《あだうち》をするところから始まるのですが、実はその斬られた一人が典膳の同門なのです。そのため、典膳は師匠から安兵衛を斬れと命じられる。しかし、明らかに安兵衛に理があるわけです。しかも公的に認められた仇討でもある。つまり、師匠の命令は義のない私闘なのです。そのため典膳は拒否をします。

ところが、典膳は同門たちに根に持たれてしまう。そして、自身が仕事のため江戸《えど》を離れている間に門人たちにより妻を凌辱《りょうじょく》されてしまうのです。それを知った典膳は全てを捨てて浪人になり、復讐《ふくしゅう》しようとします。

ところが、その門人たちを一人ずつ殺していく復讐劇が展開されるのですが、その闘いの中で典膳は傷を負ってしまいます。そして、門人たちは加勢を集め、典膳の住まいを襲撃するのです。その日が元禄《げんろく》十五年の十二月十四日——討ち入り当日でした。

典膳が守ろうとした安兵衛は吉良邸へ討ち入りし、英雄になる。そして典膳は誰も知らないところで、片手片足を失いながら人知れず命を落とす。同じ「復讐」でも、こうも違うのか——という皮肉な展開になっています。雪が舞い散る中を片足片腕の状態でもなお必死に戦う雷蔵の悲壮美が、その運命をより哀しく際立たせていました。

②『忍法忠臣蔵』（一九六五年、東映、長谷川安人監督）

次は、「忠臣蔵の裏側にこんな人たちが蠢いていた」という話です。原作は山田風太郎《やまだふうたろう》。

上杉家の千坂兵部が大石たちの討ち入りを阻止しようとさまざまに画策する――という話自体は「忠臣蔵」の定石の展開なのですが、そこは山田風太郎。手段が尋常ではありません。女忍者＝「くノ一」を使い、そのお色気の術によって、赤穂《あこう》浪士の重要人物たちを一人一人籠絡《ろうらく》し、脱落させていこうというのです。

これは六五年に東映が映画化します。長谷川安人《はせがわやすと》監督は『十七人の忍者』（六三年）など、リアルでサスペンスフルな忍者映画を得意としていました。その作風は、本作にも表れています。重厚で冷たい演出で、映像はモノクロで陰影の濃いスタイリッシュなもの。全編を通して、緊迫した重苦しい空気が流れているのです。

大石内蔵助（大木実）をはじめとする赤穂浪士たちに吉良上野介への仇討を断念させるべく、上杉家の家老・千坂兵部が女忍者たちを使って彼らを籠絡しようとする――その物語設定自体は原作と変わりません。しかし、くノ一たちによるエロチックな忍術は大幅にカット。奇想天外な忍術に走らず、心理的なアプローチによる誘惑により、各々が籠絡されていく様がじっくりと描かれます。そのため、モノクロの陰影に映し出される肢体は、かえって艶《なまめ》かしさを増していました。

さらに、浪士の妻子たちの姿を通して討ち入りの無意味さも説くなど、人間ドラマに重点が置かれている一方、くノ一たちにはほとんど焦点は当たりません。際立つのは、彼女たちを使う男たちの身勝手さです。

上杉家を守るために手段を選ばない千坂を演じる西村晃の冷徹さも印象的です。が、なんといっても魅力的なのは、くノ一たちを指揮する伊賀忍者・無明綱太郎《むみようつなたろう》を演じる丹波哲郎です。凛々しく豪快、そして不敵――と丹波にピッタリなキャラクターで、千坂からその能力を試される場面では手練《てだ》れのくノ一たちによる立て続いての誘惑をモノともせず一笑に付す余裕ぶりは、丹波ならでは――といえるスケール感がありました。

田中邦衛《たなかくにえ》の演じる不破数右衛門のすっ飛んだ感じの豪傑ぶりや、大木実の演じる大石内蔵助のクールな沈思黙考ぶりなど、脇役のキャラクターも魅力的です。

③『編笠十兵衛』（一九七四年、フジテレビ）
次は池波正太郎《いけなみしようたろう》が原作の作品です。

これは江戸城西の丸の留守居役を務めるという中根正冬《なかねまさふゆ》という男が、隠密を使って裏で世直しをしている――という設定で、その隠密の一人が主人公の月森十兵衛《つきもりじゆうべえ》という剣豪です。

七四年にフジテレビで連続ものとして放映されました。

十兵衛は赤穂浪士の奥田孫太夫《おくだまごだゆう》と剣友で、その関係から赤穂事件に巻き込まれていきます。原作以上に十兵衛は浪士たちにコミットし、十兵衛による裏でのさまざまな活躍により討ち入りは成功した——という展開でした。

とにかくこの作品はキャスティングが充実しています。中根正冬に片岡千恵蔵《かたおかちえぞう》、十兵衛に高橋英樹。さらに奥田孫太夫は大友柳太朗。大石内蔵助に中村竹弥《なかむらたけや》。吉良方も豪華で、吉良上野介を伊藤雄之助、小林平八郎に露口茂。さらに、池波が創作した吉良方の用心棒・舟津弥九郎に成田三樹夫。オールスターといっても過言でない面々が並びます。

十兵衛と小林、両サイドの軍師的な立場の者同士の頭脳戦をメインに物語は展開されます。知的で怜悧《れいり》でストイックな露口茂がとんでもなくカッコよく、吉良方を応援したくもなってきます。

それから、舟津も素晴らしい。十兵衛を斬ることに執念を燃やしている設定で、すさまじい殺気で襲いかかります。特に、一度目の決闘で敗れた際に片腕を斬り落とされてしまうのですが、それでもなんとか逃げ延びて、雨に打たれながら地面を這《は》いつくばり、十兵衛への復讐を誓う成田三樹夫の演技は壮絶の一言です。

討ち入りの場面でも最も目立つのは露口茂でした。討ち入りを察知して一人だけ臨戦態勢で構え、襲撃後も孤軍奮闘。そして最後は上野介が逃げた隠し通路の奥に立ちはだかり、浪士たちを迎え撃つ。この時の露口茂のカッコよさたるや――。

そして、討ち入りが終わっても物語は終わりません。

生き残った舟津が十兵衛に決着を求めるのです。が、既に討ち入りを成功させた十兵衛には戦う理由はありません。そのため、挑戦を受けない。ならば理由をこちらで作るのみ――と、舟津は十兵衛の大事な者たちを次々に斬っていくのです。そして、壮絶な一騎打ちで物語は完結します。

見事なまでのハードボイルドタッチに仕上げた「忠臣蔵」になっていました。

④『用心棒日月抄』（一九九二年、NHK　ほか）

今度は藤沢周平《ふじさわしゅうへい》の小説です。

海坂《うなさか》藩という東北にある架空の藩の藩士・青江《あおえ》又八郎《またはちろう》は藩の重役たちによる藩主毒殺を知ってしまいます。そのことを許《いい》嫁《なずけ》の父に訴え出たところ、斬りかかられます。この男もまた関与していたのです。咄嗟に返り討ちにした又八郎は江戸に出奔、用心棒稼業で糊《こ》口《こう》をしのぐことになります。

『腕におぼえあり』／発行・発売元：NHKエンタープライズ／©2003 NHK

その用心棒の派遣先で事件に巻き込まれていくのが毎回の展開になっているのですが、その流れの中で赤穂浪士たちと知り合い、討ち入りに関わっていきます。共に故郷を追われた者同士、意気投合するわけです。

用心棒先での事件、討ち入りに向かっての赤穂浪士たちの動き、海坂藩の動向――この三つが同時に動きながら、物語はスリリングに展開します。

これまで何度も映像化されていますが、中でも九二年に放送された村上弘明主演のＮＨＫ連続シリーズ『腕におぼえあり』は特に赤穂事件との関わりが色濃く描かれていました。注目はキャスティングで、大石内蔵助に江守徹、柳沢吉保に石坂浩二と大河ドラマ『元禄太平記』同様の配役になっている遊び心が見られます。

⑤『忠臣蔵外伝　四谷怪談』（一九九四年、松竹、深作欣二監督）

自ら「忠臣蔵外伝」と名乗るこの映画は、タイトルの通り「忠臣蔵」と「四谷怪談」の合わせ技という作品になっています。元々は、松竹が映画百年を記念しての忠臣蔵を企画、これを深作欣二監督に持ち込みます。が、自身の撮った『赤穂城断絶』に不満があった深作は、これに躊躇《ちゅうちょ》します。そして、「四谷怪談」と合わせるなら――という条件を出します。

そもそも鶴屋《つるや》南北《なんぼく》による歌舞伎狂言「東海道四谷怪談」は主人公の民谷《たみや》伊右衛門《いえもん》を赤穂浪

士という設定にしており、「仮名手本忠臣蔵」と二本立てでの上演になっていました。忠義を成し遂げる四十七士と、欲のために脱落していく伊右衛門。その表裏ともいえる物語を、一緒に上演していたのです。深作は、そこに着目しました。

これまで「四谷怪談」が映像化される際もこの設定は使われていましたが、あくまでメインは伊右衛門とお岩《いわ》の話で、赤穂事件はその背景に過ぎませんでした。それをここでは「赤穂浪士としての伊右衛門」という色合いを強めることで、刃傷事件から討ち入りまでの「忠臣蔵」通し狂言の中に伊右衛門とお岩の物語を盛り込んでいるのです。

さらに、伊右衛門がお岩から離れて婿入りすることになる伊藤家を旗本から吉良家用人へと設定を変更、伊右衛門には「脱落者」だけでなく「裏切者」としての十字架を背負わせています。そして伊右衛門は大石の暗殺をけしかけられ、実行に移すのです。

伊右衛門をニヒルに演じる佐藤浩市、飄々としながら狡猾な大石を演じる津川雅彦、辻斬り強盗をしてまで生活費を稼ぐ堀部安兵衛を演じる渡瀬恒彦、亡霊よりも恐ろしい伊藤家の面々（石橋蓮司《いしばしれんじ》、渡辺《わたなべ》えり、荻野目慶子《おぎのめけいこ》）、そして妖しい魅力で伊右衛門を籠絡する清水一学を演じる蟹江敬三――俳優たちの大熱演が、狂気の物語を盛り上げています。

クライマックスがまたとんでもない。お岩（高岡早紀）は伊右衛門よりも伊右衛門を闇に引きずり込んだ吉良家を呪い、亡霊と化して討ち入りに参加するのです。そして、その霊力をもって清水一学を倒す。深作欣二監督のイマジネーションがさく裂した一本でした。

本作は『四十七人の刺客』と同日に公開されたことも付け加えておきます。映画における「忠臣蔵」の最後の盛り上がりが、どちらもかなり大胆な新解釈がなされた作品同士の対決だったというのも、「忠臣蔵」史の流れを象徴しているようでもあります。

B　後日談

「忠臣蔵」の外伝では後日談ものにも面白い作品があります。それは討ち入り後に残された人間たちの物語です。

まずはその中で二作、「実は吉良上野介は討ち取られていなかった」という作品を紹介します。どちらも一九八七年のテレビ作品です。

①『必殺忠臣蔵』（一九八七年、朝日放送＝松竹）

一本目は八七年の正月に放送された作品です。

人気テレビ時代劇『必殺仕事人』のスペシャル版で、主人公の中村主水《なかむらもんど》（藤田まこと）たち仕事人が討ち入り事件に絡んでいく設定になっています。ところが中村主水は本来、天保《てんぽう》年間から幕末にかけて活躍している設定なのです。そのため、蘭学者と付き合うこともあるし、水野忠邦《みずのただくに》や鳥居耀蔵《とりいようぞう》とも戦うし、アヘン戦争にも行く。ところが「忠臣蔵」はその百年以上前の話です。

では、その矛盾を本作はどう突破したのか。冒頭に中村主水が出てきて、「今回は「忠臣蔵」に関わります。いつの時代も中村主水みたいな人はいたと思ってください」と言う——それだけで、全て納得させてしまいました。

そして、その後の展開も自由奔放です。その最たるところが、刃傷事件の急報を赤穂に知らせる場面です。東海道を早駕籠《かご》が走ると、その脇を新幹線が追い抜いていくのです。そして、赤穂城に到着するとその入り口には「赤穂城址」という現代の石碑が建っていて、しかもその前を自動車が往来するという。もうやりたい放題です。そうした遊び精神に満ちた作品でした。

それでも、お話自体はシリアスです。実は寺坂吉右衛門（近藤正臣）が仕事人だった——という設定で、討ち入り後に四十七士から離れた寺坂が上野介（日下《くさか》武史《たけし》）が影武者を使って生き延びたことを知り、中村主水たちと再び討ち入りをするのです。そして、最後は主水が上野介を倒す。

②『忠臣蔵異聞　生きていた吉良上野介』（一九八七年、テレビ朝日＝東映）

もう一つは、タイトルそのままの内容です。

これは「傑作時代劇」という、毎週一話完結の時代劇を一本ずつ放送する枠の中で放送されました。

討ち入りの前日から物語は始まります。毛利小平太はちょっとした落ち度で大石に罵倒《ばとう》され、討ち入りのメンバーから追放されてしまいます。落ち込む小平太ですが、大石は陰でその真の目的を伝えます。それは、自分たちがもし上野介を討ち漏らした場合、第二陣となって上野介を仕留めてほしい――ということでした。

そして、討ち入り当日。大石は上野介が影武者だと気づきながら、周囲にそれを悟られないようにしてこれを仕留めます。上野介は大石たちが処刑され、自身が米沢に移り住むまでは生存していることを表に出すつもりはないので、大石と吉良家の人間を除く全ての人間が四十七士が本懐を遂げたと思い込んでいます。小平太もそうでした。自身の役割はなくなったと安心し、女房をもらい平穏に暮らすのです。

が、大石の伝言を受けた寺坂に上野介の生存を告げられた小平太は悩みます。役目をとるか、自身の幸福をとるか――。そして、単身での上野介暗殺に向けて動き出すのです。

小平太を演じる川谷拓三《かわたにたくぞう》の情けなさの向こうに見え隠れする哀しさ、大石を演じる丹波哲郎の全ての感情を押し殺して目的を果たそうとする大人物ぶり、上野介を演じる小沢栄太郎の憎々しいまでの切れ者ぶり——それぞれにベストな配役となっています。

こうした「忠臣蔵」の後日談を描けるのは、四十七士の中で一人だけ生き残った寺坂吉右衛門の存在があるからこそ——といえます。次に紹介する作品も、そうです。数多くの「忠臣蔵」映像化作品を紹介してきた本書の最後を飾るのは、その名も——

③『最後の忠臣蔵』（二〇〇四年、NHK　および　二〇一〇年、ワーナー・ブラザーズ）

『四十七人の刺客』を書いた池宮彰一郎の小説が原作になっており、テレビと映画とで映像化されています。

これは、生き残った寺坂吉右衛門が四十七士の遺族たちを訪ね歩いていくという連作の中の一編。テレビ版はそれぞれの訪問先でのドラマが描かれていき、最後に「最後の忠臣蔵」編になるという構成になっています。

『最後の忠臣蔵』／発行・販売元：NHKエンタープライズ／©2005 NHK

瀬尾《せのお》孫左《まござ》衛《え》門《もん》という浪士が誰にも理由もつげず、討ち入り前夜に姿を消してしまう。誰よりも大石に忠誠を誓っていたはずの孫左衛門がなぜ——。疑問に思い続けていた寺坂は孫左衛門を必死に捜索し、ようやく見つけ出します。

真相は、こうでした。大石は京都の山科でお軽との間に娘ができており、その子を隠して育ててほしい——討ち入り前夜に大石からそう命じられた孫左衛門は、仕方なくその命に従ったのです。そして脱落者として蔑《さげす》まれながら、その子の正体を気づかれることなく隠れて育てていました。

その娘が無事に嫁いだのを送り出し、全ての役目を終えた孫左衛門は大石たちの後を追うことになります。

〇四年にNHKが連続シリーズとして製作した際は孫左衛門を捜す寺坂側から描かれ、ミステリータッチになっています。この時の孫左衛門は香川照之で、蔑まれた中で積み重なった強いコンプレックスがにじみ出る、頑迷な一面もある孫左衛門として演じています。そんな孫左衛門が寺坂に心を許していくことで感動が生まれるという構成です。

一方、一〇年の映画版は孫左衛門の視点から描かれ、美しく成長した大石の娘・可音《かね》との疑似父子のような関係性が主軸になっています。孫左衛門役は役所広司で、素朴で優しい、柔和な男として演じていました。

©ワーナー・ブラザーズ

おわりに

あるラジオ番組で「初心者でも分かる時代劇入門講座」という企画を担当していたことがあり、その中で年末に「ゼロから分かる「忠臣蔵」講座」という話をさせていただいたのが、本書のそもそものきっかけでした。

主な内容は第一章で述べたようなことです。どういった背景でどういった事件が起き、どのように展開していったのか。どのような楽しみ方ができるのか。比較的若い層を意識した番組でもあったので、「忠臣蔵」に全く触れる機会のなかった人たちでもその魅力が分かるよう解説をしてみました。

これが思わぬ反響を呼び、「ちゃんと語れば「忠臣蔵」の魅力を伝えることができる」と自信を深めたのと同時に、「やはり「忠臣蔵」はまだまだ通用するコンテンツである」という確信を持つこともできました。

それを踏まえ、二〇二〇年三月に『時代劇入門』という著書を角川新書から出した際に「「忠臣蔵」超入門」という章を設けました。ただ、これではまだまだ語り足りない。もっと伝えるべきことはある。そんな想いに駆られ、『時代劇入門』を担当してくださったＫＡＤ

ＯＫＡＷＡの編集者・麻田江里子さんに企画を提案。二つ返事で受けてくれたことで、プロジェクトが動き出します。

それから一年半ほどをかけ、改めてさまざまな資料にあたったり、観られる限りの映像作品を観たり、製作関係者たちの証言を掘り下げる作業を進めました。そうした中で私自身、「あ、そういうことだったのか！」という再発見も少なからずありました。

「古《いにしえ》からの日本人の美徳」と語られがちな「忠臣蔵」ですが、大衆文化・庶民文化としてもっとカジュアルに楽しまれてきた題材とも思っております。また、私自身はそのように楽しんできました。そのため、重々しい捉え方ではなく、気軽な娯楽として「忠臣蔵」を楽しむための手引書――という意識で本書では「忠臣蔵」に接しているつもりでおります。

そうやって気軽に楽しく「忠臣蔵」に接してくれる人が一人でも増えてくれるといいな――というのが、本書に寄せる筆者としての想いです。

二〇二一年十月

春日太一

《主要参考文献》

能村庸一『実録テレビ時代劇史』東京新聞出版局、一九九九年
田中純一郎『日本映画発達史』中公文庫、一九七六年
松島栄一『忠臣蔵－その成立と展開－』岩波新書、一九六四年
柿崎輝彦『忠臣蔵の起源』幻冬舎ルネッサンス新書、二〇一九年
服部幸雄・編『仮名手本忠臣蔵を読む』吉川弘文館、二〇〇八年
岩本憲児『『時代映画』の誕生』吉川弘文館、二〇一六年
谷川建司『戦後『忠臣蔵』映画の全貌』集英社、二〇一三年
『決定版『忠臣蔵』のすべて』新人物往来社、一九九二年
元禄忠臣蔵の会・編『元禄忠臣蔵データファイル』新人物往来社、一九九九年
「キネマ旬報　臨時増刊　忠臣蔵　映像の世界」キネマ旬報社、一九九四年
「別冊　近代映画　臨時増刊　忠臣蔵特集号」近代映画社、一九五八年
「別冊　四十七人の刺客」新潮社、一九九四年
各映画・テレビ作品のパンフレット、宣伝資料、台本

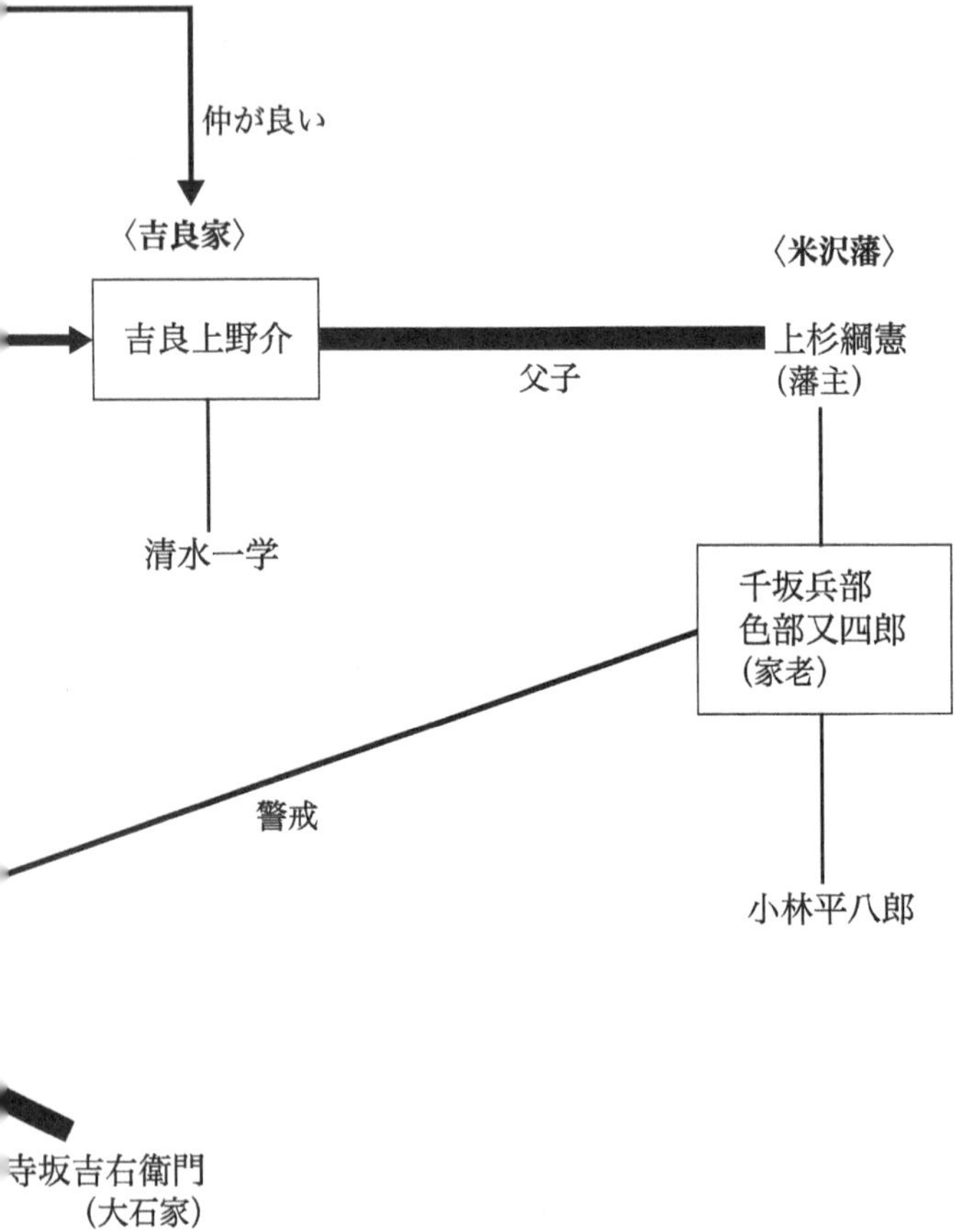
仲が良い
〈吉良家〉
吉良上野介
清水一学
父子
〈米沢藩〉
上杉綱憲
(藩主)
千坂兵部
色部又四郎
(家老)
小林平八郎
警戒
寺坂吉右衛門
(大石家)

忠臣蔵人物相関図

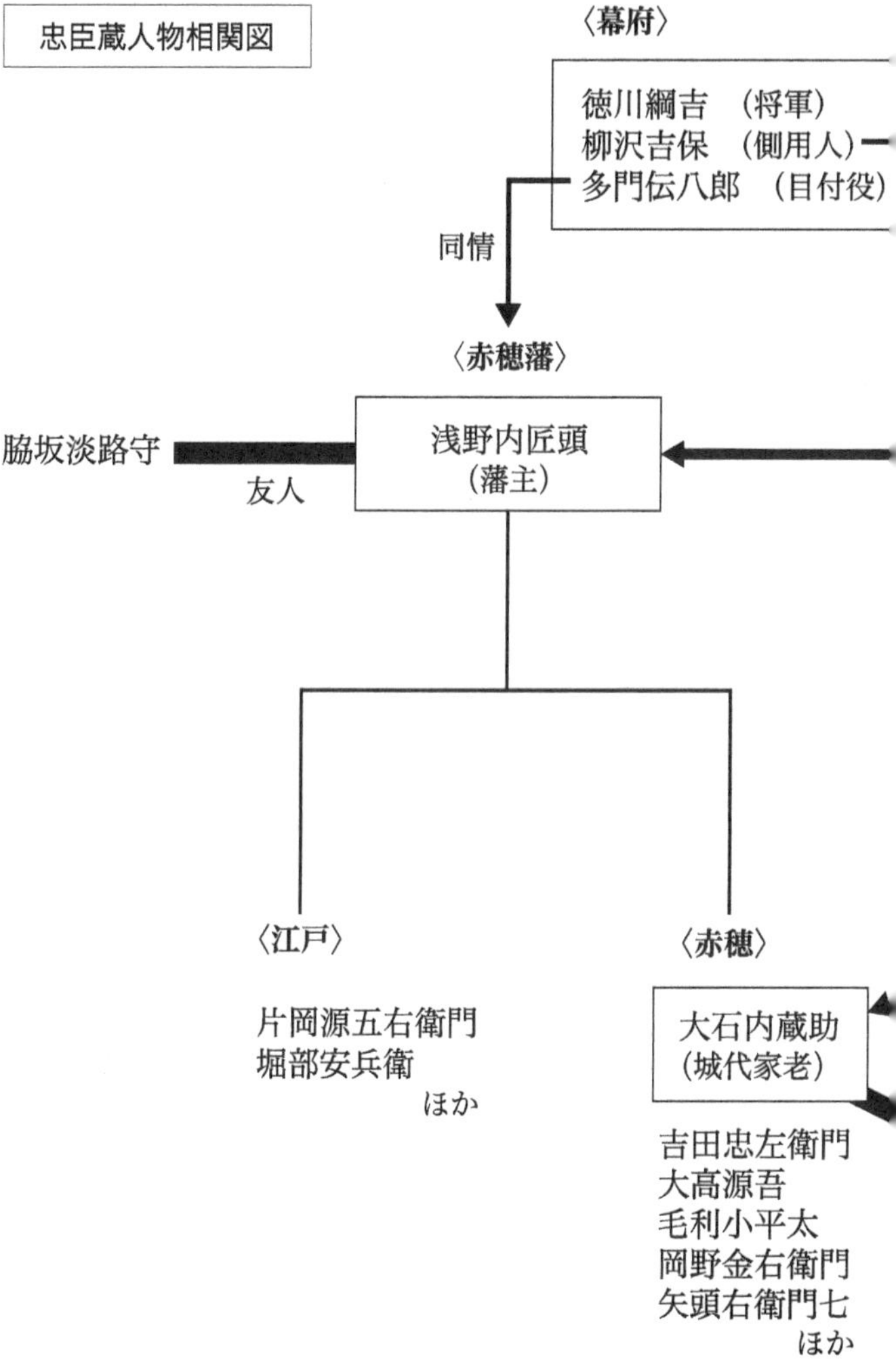
〈幕府〉
徳川綱吉　（将軍）
柳沢吉保　（側用人）
多門伝八郎　（目付役）
同情
〈赤穂藩〉
浅野内匠頭
（藩主）
脇坂淡路守
友人
〈江戸〉
片岡源五右衛門
堀部安兵衛
ほか
〈赤穂〉
大石内蔵助
（城代家老）
吉田忠左衛門
大高源吾
毛利小平太
岡野金右衛門
矢頭右衛門七
ほか

索引

【か】

【な】

図版作成／村松明夫

春日太一（かすが・たいち）
1977年、東京都生まれ。時代劇・映画史研究家。日本大学大学院博士後期課程修了（芸術学博士）。著書に『時代劇入門』（角川新書）、『大河ドラマの黄金時代』（NHK出版新書）、『日本の戦争映画』『天才 勝新太郎』（ともに文春新書）、『時代劇は死なず！ 完全版　京都太秦の「職人」たち』（河出文庫）、『やくざ映画入門』（小学館新書）、『時代劇聖地巡礼』（ミシマ社）、『なぜ時代劇は滅びるのか』『仁義なき日本沈没　東宝vs.東映の戦後サバイバル』（ともに新潮新書）、『仲代達矢が語る 日本映画黄金時代　完全版』『あかんやつら　東映京都撮影所血風録』（ともに文春文庫）、『役者は一日にしてならず』（小学館）などがある。

忠《ちゅう》臣《しん》蔵《ぐら》入《にゅう》門《もん》
映像《えいぞう》で読《よ》み解《と》く物語《ものがたり》の魅力《みりょく》

春日《かすが》太一《たいち》

2021年12月10日　初版発行
2024年 4 月15日　3版発行

◆◇◇

発行者　山下直久
発　行　株式会社KADOKAWA
〒102-8177　東京都千代田区富士見 2-13-3
電話　0570-002-301（ナビダイヤル）

装丁者　緒方修一（ラーフイン・ワークショップ）
ロゴデザイン　good design company
オビデザイン　Zapp!　白金正之
印刷所　株式会社KADOKAWA
製本所　株式会社KADOKAWA

角川新書

ISBN978-4-04-082405-5 C0274

KADOKAWAの新書 好評既刊

「太平洋の巨鷲」山本五十六
用兵思想からみた真価

大木 毅

太平洋戦争に反対しながら、連合艦隊を指揮したことで「悲劇の提督」となった山本五十六。戦略・作戦・戦術の三次元における指揮能力と統率の面から初めて山本を解剖し、神話と俗説を解体する。『独ソ戦』著者の新境地、五十六論の総決算！

日本海軍戦史
海戦からみた日露、日清、太平洋戦争

戸高一成

日清戦争から太平洋戦争までは日本の50年戦争だった。日本海海戦の完全勝利の内実をはじめ、海軍の艦艇設計思想と戦略思想を踏まえ、海戦図を基に戦いを総検証する。海軍研究の第一人者による、海からみた大日本帝国の興亡史。

「東国の雄」上杉景勝
謙信の後継者、屈すれども滅びず

今福 匡

義兄と争った「御館の乱」、滅亡寸前まで追い込まれた織田信長の攻勢、「北の関ヶ原」と敗戦による危機――。ピンチに立たされながらも生き残りを果たす。戦国、織豊、江戸と時代の転換に翻弄された六十九年の生涯を描く、決定的評伝！

知らないと恥をかく世界の大問題12
世界のリーダー、決断の行方

池上 彰

アメリカ、日本では新しいリーダーが生まれ、中国、ロシアでは独裁が強化。コロナ禍の裏で米中関係は悪化。日本の進むべき道は？ 世界のいまをリアルにお届けするニュース解説の定番、人気新書・最新第12弾。

官邸の暴走

古賀茂明

安倍政権において官邸の権力は強力になり、「忖度」など様々な問題を引き起こし、菅政権ではコロナ禍などの国難に対処できないという事態となった。問題を改めて検証し、日本の危機脱出への大胆な改革案を提言する。